Das Sachgespräch als Führungsinstrument

Arbeitshefte Führungspsychologie

Herausgegeben von Prof. Werner Bienert, Ludwigshafen und
Prof. Dr. Ekkehard Crisand, Wilhelmsfeld

Band 20

Das Sachgespräch als Führungsinstrument

Gesprächspsychologische Grundsätze

von

Professor Dr. Ekkehard Crisand
Wilhelmsfeld

und

Andrea Pitzek
Karlsruhe

Mit 30 Abbildungen und Tabellen

I. H. Sauer-Verlag GmbH
Heidelberg

Die Deutsche Bibliothek – CIP-Einheitsaufnahme

Crisand, Ekkehard:

Das Sachgespräch als Führungsinstrument : gesprächspsychologische Grundsätze / von Ekkehard Crisand und Andrea Pitzek. – Heidelberg : Sauer, 1993

(Arbeitshefte Führungspsychologie ; Bd. 20)
ISBN 3-7938-7085-5

NE: Pitzek, Andrea:; GT

ISBN 3-7938-7085-5

Satz: Lichtsatz Michael Glaese GmbH, 6944 Hemsbach

Druck und Verarbeitung: Progressdruck GmbH, 6720 Speyer a. Rhein

Umschlagentwurf: Horst König, 6700 Ludwigshafen

∞ Gedruckt auf säurefreiem, alterungsbeständigem Papier nach ANSI-Norm

Printed in Germany

Vorwort

Das vorliegende Arbeitsheft behandelt das Ablaufschema und die fünf gesprächspsychologischen Grundsätze des Sachgesprächs. Es ist in sechs Kapitel untergliedert.

Im ersten Kapitel werden grundlegende Begriffe des Sachgesprächs erklärt, sein allgemeines Ablaufschema sowie die fünf gesprächspsychologischen Grundsätze vorgestellt.

Das zweite Kapitel zeigt auf, welche Auswirkungen das Sprechverhalten der Gesprächsteilnehmer auf ein Gespräch hat. Es wird auf die Verständlichkeit, die Sprechtechnik und auf die Notwendigkeit eines positiven Gesprächsklimas eingegangen.

Im dritten Kapitel werden die Bedeutung der Argumentation im Sachgespräch, unterschiedliche Argumentationsziele, Argumentationsgrundlagen sowie verschiedene Argumentationstechniken erörtert.

Kapitel vier enthält Erläuterungen zur Fragetechnik und gewährt einen Einblick in verschiedene Fragearten.

Das fünfte Kapitel beschäftigt sich mit der Bedeutung des Zuhörverhaltens für den Gesprächsverlauf, dem aktiven und dem analytischen Zuhören.

Im letzten Kapitel werden das non-verbale Verhalten der Gesprächsteilnehmer sowie die Interpretation der non-verbalen Signale im Gespräch behandelt. Es wird die Körpersprache, das räumliche Verhalten und der stimmliche Ausdruck der Gesprächsteilnehmer dargestellt.

Zur besseren Verständlichkeit und Übersichtlichkeit wurden die einzelnen Kapitel lernpsychologisch aufbereitet.

Ziel der Arbeit ist es, den Leser über die Problematik und Vielschichtigkeit psychologischer Zusammenhänge eines Sachgesprächs zu informieren. Es werden die psychologischen Hintergründe der Verhaltensweisen der Gesprächsteilnehmer in unterschiedlichen Gesprächssituationen vorgestellt.

Ein wichtiger Aspekt ist ferner, dem Leser die Möglichkeit zu geben, sein eigenes Gesprächsverhalten zu analysieren und ihm Verhaltensalternativen aufzuzeigen, die er zu einer erfolgreichen Gesprächsführung nutzen kann.

Wilhelmsfeld, im März 1993

Ekkehard Crisand
Andrea Pitzek

Inhaltsverzeichnis

1. Darstellung des Sachgesprächs

Zu Beginn dieses Kapitels wird dargestellt, was unter dem Begriff „Sachgespräch“ verstanden wird. Des weiteren wird der Ablauf eines Sachgesprächs aufgezeigt: Der Leser erhält einen Einblick in die verschiedenen Gesprächsphasen. Zum Abschluß dieses Kapitels werden gesprächspsychologische Grundsätze vorgestellt, die dem Leser helfen sollen, den Verlauf eines Sachgesprächs erfolgreich zu gestalten.

1.1 Definition des Sachgesprächs

Bei einem Sachgespräch steht immer ein bestimmter *Sachverhalt* im Vordergrund (im Gegensatz zu einem Personengespräch, bei dem es um Persönliches geht). Als *Sachgespräch* werden also Gespräche mit *Sachinhalt* bezeichnet, bei denen es darum geht,

- Sachfragen zu klären und
- Informationen und Meinungen auszutauschen.

Aufgrund dieser Sachorientierung werden mit einem Sachgespräch zuvor festgelegte *Ziele* verfolgt.

Je nachdem, welche Ziele mit diesem Gespräch verfolgt werden, lassen sich verschiedene Gesprächstypen unterscheiden.

Beispiel:

Entscheidungsgespräch: Entscheidungen sollen getroffen werden.

Informationsgespräch: Informationen sollen weitergegeben werden.

Problemlösungsgespräch: Bei diesem Gespräch sollen Probleme aufgezeigt und Lösungsmöglichkeiten ausgearbeitet werden.

Motivationsgespräch: Durch dieses Gespräch soll der Gesprächspartner motiviert werden.

Beurteilungsgespräch: Die Leistung und das Verhalten der Mitarbeiter sollen bei diesem Gespräch besprochen werden.

Kritikgespräch: Fehlverhalten oder Fehlleistungen von Mitarbeitern sollen kritisiert werden.

Ein Sachgespräch läuft auf zwei Ebenen ab:

- auf der *Sachebene* und
- auf der *Beziehungsebene.*

Die *Sachebene* beinhaltet die Sachinformationen, die übermittelt werden.

Die *Beziehungsebene* oder *emotionale Schiene*[1] kennzeichnet das zwischenmenschliche Verhältnis der Gesprächsteilnehmer.

Da der Mensch ein *gefühlsbetontes Wesen*[2] ist, findet das Gespräch trotz der Sachorientierung nicht nur auf der *rationalen Schiene*, sondern auch im *emotionalen Bereich* statt. Eine Information wird somit nicht nur rein sachlich übermittelt. Bei der Übermittlung wird auch immer die *Beziehungsebene* der Gesprächsteilnehmer angesprochen.

Ist die Beziehung der Gesprächsteilnehmer gestört, tritt die *Sachebene* in den Hintergrund. Das Gespräch findet nur noch auf der *Beziehungsebene* statt. Wegen der gestörten emotionalen Beziehung zeigen die Gesprächsteilnehmer häufig *Trotz- und Abwehrreaktionen*[3]. Je positiver die Beziehung der Teilnehmer zueinander ist, desto besser werden die Inhalte der *Sachebene* verstanden und um so leichter läßt sich eine Einigung bei dem Gespräch erreichen.

Merke: Beim Führen eines Sachgesprächs ist nicht nur die *Sachebene* zu berücksichtigen, sondern auch die Beziehung der Gesprächspartner zueinander, die *Beziehungsebene.*

Zusammenfassung:
Sachgespräche sind *sach-* und *zielorientierte* Gespräche.

Ein Sachgespräch findet auf der *Sachebene* und auf der *Beziehungsebene* statt.

1.2 Das Ablaufschema eines Sachgesprächs

Merke: Ein Sachgespräch durchläuft im allgemeinen folgende vier Phasen:

- Definition und Festlegung der Gesprächsziele,
- Gesprächsvorbereitung,
- Gesprächsdurchführung,
- Gesprächsauswertung.

1 Vgl. *E. Crisand:* Psychologie der Gesprächsführung 1992.
2 Vgl. *E. Crisand:* Psychologie der Persönlichkeit 1992.
3 Vgl. *E. Crisand:* Psychologie der Persönlichkeit 1992.

Bevor ein Sachgespräch durchgeführt werden kann, ist es zuerst erforderlich, die *Ziele*, die mit diesem Gespräch erreicht werden sollen, festzulegen.

1.2.1 Definition und Festlegung der Gesprächsziele

Da nur dann ein Gespräch erfolgreich geführt werden kann, wenn man sich darüber im klaren ist, welche *Ziele* mit diesem Gespräch verfolgt werden, muß vor der Vorbereitung eines Gesprächs die *Definition und Festlegung der Gesprächsziele* stehen.

Zu diesem Zweck sind vor jedem Sachgespräch folgende drei Fragen zu beantworten:

- *Weshalb* führe ich dieses Gespräch?
- *Was* sind meine Hauptziele?
- *Was* sind meine Nebenziele?

Läßt sich das Hauptziel nicht erreichen, ist es wichtig, vorab Teilziele festgelegt zu haben. Beim nächsten Gespräch läßt sich das Hauptziel leichter verwirklichen, wenn an zuvor erreichte Teilziele angeknüpft werden kann.

Beispiel:

Bei einem Gespräch soll die nachlassende Arbeitsleistung eines Mitarbeiters besprochen werden.

Das *Hauptziel* des Vorgesetzten ist es, eine Verbesserung der Arbeitsleistung des Mitarbeiters zu erreichen. Der Vorgesetzte weiß, daß dieser momentan Schwierigkeiten mit dem Hausbau hat und daher privat sehr belastet ist.

Als Nebenziel legt der Vorgesetzte deshalb fest: Wenn der Mitarbeiter die nachlassende Leistung mit den Schwierigkeiten beim Hausbau begründet, das erst in zwei Monaten fertiggestellt werden kann, dann sollte er erkennen, daß der Vorgesetzte zwar Verständnis für die derzeitige Belastung hat, daß er aber spätestens nach Lösung der Probleme eine Leistungssteigerung erwartet[4].

Um die festgelegten Gesprächsziele durchsetzten zu können, ist es notwendig, sich intensiv auf das Gespräch vorzubereiten. Als nächste Phase schließt sich deshalb die *Gesprächsvorbereitung* an.

---

4 Vgl. *G. Ammelburg:* Handbuch der Gesprächsführung 1974, S. 35.

1.2.2 Gesprächsvorbereitung[5]

Damit das geplante Gespräch erfolgreich verläuft, ist zu überlegen, *wie* die Gesprächsziele erreicht werden können. Je besser das Gespräch vorbereitet wurde, desto sicherer ist die Erreichung des Gesprächsziels.

Die Gesprächsvorbereitung umfaßt zwei Bereiche:

1. Organisatorische Vorbereitung,
2. psychologische Vorbereitung.

1.2.2.1 Organisatorische Gesprächsvorbereitung

Die organisatorische Vorbereitung bezieht sich auf alle äußeren Faktoren des Gesprächs. Dafür sind vier Fragen zu beantworten:

1. Wer nimmt an dem Gespräch teil?
2. Wo führe ich das Gespräch?
3. Wann führe ich das Gespräch?
4. Welche Hilfsmittel benötige ich für das Gespräch?

Zu 1. Wer nimmt an dem Gespräch teil?

Die Auswahl der Gesprächsteilnehmer ergibt sich aus dem jeweiligen Gesprächsanlaß bzw. Gesprächsziel.

Zu 2. Wo führe ich das Gespräch?

Ein Gespräch wird durch verschiedene *Wirkfaktoren*[6] beeinflußt. Eine Auswirkung auf den Gesprächsverlauf hat u. a. der Ort, an dem das Gespräch stattfindet. Wird der Gesprächsverlauf ständig durch äußere Umstände gestört, so hat dies Auswirkungen auf der *Sachebene* und der *Beziehungsebene* des Gesprächs.

Auswirkungen auf der Sachebene:

- Die Verständlichkeit der Aussagen wird beeinträchtigt[7],
- die Gesprächsteilnehmer werden abgelenkt,
- die Konzentration der Gesprächsteilnehmer sinkt,
- es entstehen Mißverständnisse.

---

5 Vgl. *G. Ammelburg:* Handbuch der Gesprächsführung, S. 28–40.
6 Vgl. *E. Crisand:* Psychologie der Gesprächsführung 1992.
7 Vgl. Verständlichkeit der Aussage, Kap. 2.

Auswirkungen auf der Beziehungsebene:

- Der Gesprächspartner fühlt sich abgelehnt („das Gespräch scheint ihm unwichtig zu sein, wenn er nicht einmal darauf achtet, daß wir ungestört reden können"),
- er reagiert mit *Abwehr* (z. B. verbaler Angriff),
- es entsteht eine negative Gesprächsatmosphäre.

Störquellen, die sich auf das Gespräch auswirken, sind beispielsweise:

- akustische Störungen (laute Umgebung),
- Temperatur, Beleuchtung, Belüftung,
- häufige Unterbrechungen (z. B. Telefonanrufe).

> **Merke:** Bei der Gesprächsvorbereitung ist darauf zu achten, daß das Gespräch in einer *störungsfreien Atmosphäre* stattfindet.

Auch die Sitzordnung der Gesprächsteilnehmer kann negative Auswirkungen auf das Gespräch haben.

Beispiel:

- Der Gesprächsführer setzt sich und läßt den Gesprächspartner stehen,
- der Gesprächsführer sitzt höher als sein Gegenüber,
- der Gesprächsführer „verbarrikadiert" sich hinter seinem Schreibtisch.

Dies hat zur Folge:

- Der Gesprächsteilnehmer fühlt sich abgewertet, abgelehnt,
- der Gesprächspartner ist verärgert,
- die Gesprächsatmosphäre wird beeinträchtigt[8].

> **Merke:** Die Sitzordnung der Gesprächsteilnehmer ist so zu wählen, daß negative Auswirkungen auf das Gespräch vermieden werden.

Zu 3. Wann führe ich das Gespräch?

Wird das Gespräch zu einem ungeeigneten Zeitpunkt geführt, kann der Gesprächsverlauf beeinträchtigt werden.

8 Vgl. Positives Gesprächsklima, Kap. 2.

Beispiel:

Ein Vorgesetzter kommt kurz vor Büroschluß zu einem Mitarbeiter, um mit ihm über einen Auftrag zu reden. Der Mitarbeiter hat zu diesem Zeitpunkt wenig Interesse an diesem Gespräch, da er nach einem langen Arbeitstag nach Hause gehen möchte.

Dies hat zur Folge:

- Der Mitarbeiter entwickelt eine negative Einstellung zum Gespräch.
- Er kommt sich übergangen und abgewertet vor, da sein Vorgesetzter nicht berücksichtigte, daß er nach Hause gehen möchte, und reagiert mit *Abwehrmechanismen.*
- Es entsteht ein negatives Gesprächsklima.
- Der Mitarbeiter ist verärgert und blockt das Gespräch ab.

> **Merke:** Der Gesprächsverlauf wird durch den *Zeitpunkt* der Gesprächsführung beeinflußt.

Um den *richtigen* Zeitpunkt für das Gespräch festzulegen sind zwei Punkte zu berücksichtigen:

a) biologische Aspekte,
b) psychologische Aspekte.

Zu a) Biologische Aspekte

Bei der Gesprächsvorbereitung ist zu beachten, daß die Leistungsfähigkeit der Gesprächsteilnehmer bestimmten Tagesschwankungen unterworfen ist (s. Abbildung 1).

Deshalb ist es zweckmäßig, wichtige Gespräche und Besprechungen vormittags abzuhalten, da die Leistungsfähigkeit der Teilnehmer im allgemeinen zu diesem Zeitpunkt am größten ist.

Zu b) Psychologische Aspekte

Bei der Festlegung des Zeitpunktes, an dem das Gespräch stattfinden soll, sind auch zwei *psychologische Aspekte* zu beachten:

- die psychische Verfassung der Gesprächsteilnehmer,
- die Absprache des Zeitpunktes mit dem Gesprächsteilnehmer.

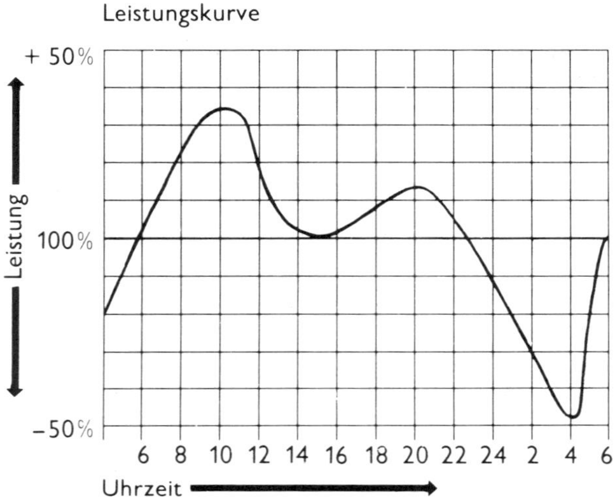

Abb. 1*: Biologische Leistungsfähigkeit

Die psychische Verfassung der Gesprächsteilnehmer

Besonders bei wichtigen Gesprächen ist nach Möglichkeit ein Zeitpunkt zu wählen, an dem der Gesprächspartner nicht durch private oder geschäftliche Angelegenheiten vom Gesprächsthema abgelenkt wird.

Beispiel:

Der Mitarbeiter hat zur Zeit Schwierigkeiten damit, den Bearbeitungstermin eines seiner Projekte einzuhalten. Bei der Unterredung ist der Mitarbeiter gedanklich durch den Termindruck abgelenkt.

Dies hat zur Folge:

- Der Mitarbeiter schweift gedanklich ab,
- es entstehen Mißverständnisse,
- das Gespräch verläuft erfolglos.

Absprache des Zeitpunktes mit dem Gesprächspartner

Wird ein Gespräch auf einen bestimmten Zeitpunkt festgelegt und der Teilnehmer nicht rechtzeitig informiert, so hat er nicht die Möglichkeit, sich intensiv auf das Gespräch vorzubereiten.

* Aus: *Lothar J. Seiwert:* Das 1 × 1 des Zeitmanagement, 15. Auflage, S. 32 f., Speyer/Bremen 1992, GABAL-Verlag GmbH.

Dies hat zur Folge:

- Der Gesprächspartner fühlt sich benachteiligt,
- er kommt sich „überfahren“ vor und zeigt *Trotz- und Abwehrreaktionen.*

> **Merke:** Für eine erfolgreiche Gesprächsführung ist es erforderlich, die Leistungsfähigkeit und die psychische Verfassung des Gesprächspartners zu beachten und den Zeitpunkt des Gesprächs mit dem Gesprächspartner abzusprechen.

Zu 4. Welche Hilfsmittel werden benötigt?

Wird ein Sachgespräch vorbereitet, so ist zu überlegen, welche Hilfsmittel für dieses Gespräch benötigt werden. Besonders bei wichtigen Gesprächen und Verhandlungen werden häufig Hilfsmittel eingesetzt:

- zur besseren Verständlichkeit schwieriger Aussagen,
- zur Veranschaulichung der Aussagen,
- zur Bekräftigung und Verstärkung der Argumentation.

Gesprächsunterlagen

Zu den Gesprächsunterlagen gehören: Notizen, Entwürfe, Pläne, Muster, Akten, Skizzen usw.

Bei der Zusammenstellung der Gesprächsunterlagen können folgende Fehler unterlaufen:

- Wurden zuwenige oder überhaupt keine Gesprächsunterlagen vorbereitet und erst während des Gesprächs festgestellt, daß diese Unterlagen fehlen,
  - wirkt der Sprecher unvorbereitet, desinteressiert,
  - kommt es zur Verärgerung der Gesprächsteilnehmer,
  - entsteht ein negatives Gesprächsklima.
- Wurden zu viele Gesprächsunterlagen vorbereitet, kommt sich der Gesprächspartner „überfahren“ vor.

> **Merke:** Um negative Auswirkungen auf den Gesprächsverlauf zu vermeiden, ist die Auswahl der Gesprächsunterlagen sorgfältig vorzubereiten.

Visuelle Hilfsmittel

Zu den *visuellen Hilfsmitteln* gehören: Overhead-Projektor, Wandtafel, Pinwand, Videos, Flip-Chart, Dias, Filme.

Der Mensch behält von dem, was er	hört	10%
	sieht	20%
	hört und sieht	40%
	selbst tut	80%.

Wie diese Zahlen zeigen, nimmt der Zuhörer Informationen, die er gleichzeitig hört und sieht, viermal besser auf, als wenn er sie nur hört. Werden also visuelle Hilfsmittel während des Gesprächs eingesetzt, hilft das, den Gesprächsteilnehmern bestimmte Sachverhalte verständlich darzustellen und besser zu veranschaulichen.

Zusammenfassung:
Bei der organisatorischen Gesprächsvorbereitung stellen wir uns vier Fragen:

1. Wer nimmt an dem Gespräch teil?
2. Wo führe ich das Gespräch?
3. Wann führe ich das Gespräch?
4. Welche Hilfsmittel benötige ich für das Gespräch?

Eine erfolgreiche Gesprächsvorbereitung beinhaltet neben der *organisatorischen* auch die *psychologische Vorbereitung.*

1.2.2.2 Psychologische Gesprächsvorbereitung

Die *psychologische Gesprächsvorbereitung* befaßt sich mit der Frage, welches psychologisch-taktische Vorgehen zur Erreichung des Gesprächsziels notwendig ist[9]. Bei der psychologischen Gesprächsvorbereitung sind folgende zehn Fragen zu beantworten:

1. Welches Gesprächsziel habe ich? (Hauptziel, Nebenziel).
2. Wie will ich das Gesprächsziel erreichen? (z. B. gehe ich auf den Partner ein?)
3. Welche Sachinformationen benötige ich?
4. Welches Ergebnis kann ich erwarten? (z. B. Zustimmung des Partners).
5. Welche Einstellung habe ich zum Gesprächspartner? (z. B. Sympathie).
6. Wie verliefen frühere Gespräche mit diesem Partner? (z. B. positive oder negative Atmosphäre).
7. Was ist hinsichtlich der Person des Partners zu beachten? (z. B. Bedürfnisse).
8. Wie wird sich der Gesprächspartner verhalten? (z. B. Ablehnung).

9 Vgl. *G. Ammelburg:* Handbuch der Gesprächsführung, S. 39.

9. Was tue ich, um eine positive Gesprächsatmosphäre zu erreichen? (Achte ich z. B. auf Verzweigungspunkte?[10])
10. Was muß ich tun, damit das Gespräch erfolgreich verläuft?

Nach der Phase der *Gesprächsvorbereitung*, folgt das eigentliche Sachgespräch, die Phase der *Gesprächsdurchführung*.

1.2.3 Gesprächsdurchführung

Die Durchführung eines Sachgesprächs gliedert sich im allgemeinen in folgende Gesprächsabschnitte:

- Eröffnung des Gesprächs,
- Darstellung des Gesprächsanlasses,
- Kerngespräch,
- Abschluß des Gesprächs.

Bevor das eigentliche Sachthema angesprochen wird, ist es notwendig, einen *persönlichen Kontakt* zwischen den Gesprächsteilnehmern herzustellen. Dies geschieht in der *Phase der Gesprächseröffnung*.

1.2.3.1 Eröffnung des Gesprächs

Die Eröffnung eines Gesprächs ist entscheidend für den gesamten Gesprächsverlauf. In dieser Phase geht es darum, einen persönlichen Kontakt zum Gesprächspartner herzustellen („emotionale Schiene").

> **Beispiel:**
> Ein Mitarbeiter hatte um eine Unterredung mit seinem Vorgesetzten gebeten. Der Vorgesetzte eröffnete das Gespräch folgendermaßen: „Na, worum geht es denn heute wieder? Haben Sie etwa schon wieder Schwierigkeiten mit Ihrer Arbeit?"

Dies hat zur Folge:

- Das Selbstwertgefühl des Mitarbeiters wird bedroht, und er reagiert mit *Abwehrmechanismen*;
- die Beziehungsebene wird gestört;
- es entsteht ein negatives Gesprächsklima und
- der Gesprächsverlauf wird beeinträchtigt.

---

10 Vgl. *E. Crisand:* Psychologie der Gesprächsführung, 1992.

Noch bevor sich die Gesprächsteilnehmer ansprechen, beginnt die persönliche Kontaktaufnahme, durch non-verbale Verhaltensweisen[11]. Non-verbale Verhaltensweisen sind mitverantwortlich für das *Bild*[12], das wir uns vom Gesprächspartner machen. Der *erste Eindruck*, der vor allem durch das non-verbale Verhalten geprägt wird, ist mitentscheidend für den zukünftigen Gesprächsverlauf. Ein negativer *erster Eindruck* läßt sich nur schwer revidieren. Deshalb ist gerade bei der ersten Kontaktaufnahme nicht nur auf den verbalen, sondern auch auf den non-verbalen Ausdruck zu achten.

Neben non-verbalen Verhaltensweisen beginnt die Kontaktaufnahme mit dem *Ansprechen des Gesprächspartners* (Warming-up-Phase).

Ansatzpunkte sind beispielsweise:

- aktuelle Ereignisse,
- persönliche Fragen etc.

> **Merke:** Bei der *Eröffnung eines Gesprächs* ist es wichtig, eine positive persönliche Beziehung zum Gesprächspartner aufzubauen.

Nach der *Gesprächseröffnung* wird nun zum eigentlichen Gesprächsthema übergeleitet.

1.2.3.2 Darstellung des Gesprächsanlasses

Wenn der persönliche Kontakt zwischen den Gesprächsteilnehmern hergestellt wurde, sollte das eigentliche Sachthema angegangen, d. h. das Ziel des Gesprächs dargestellt werden.

1.2.3.3 Kerngespräch

In dieser Phase findet das eigentliche Gespräch statt. Das Sachthema wird besprochen[13].

1.2.3.4 Abschluß des Gesprächs

Der Abschluß eines Sachgesprächs hängt von der jeweiligen Gesprächssituation ab.

11 Vgl. Richtiges non-verbales Verhalten, Kap. 6.

12 Vgl. *E. Crisand:* Psychologie der Gesprächsführung, 1992.

13 Hierbei sind besonders die einzelnen gesprächspsychologischen Grundsätze zu beachten, die in den folgenden Kapiteln dargestellt werden.

Beispiel:

Abstimmung. Bei vielen Verhandlungen oder Besprechungen findet am Ende eine Abstimmung der Gesprächsteilnehmer statt.

Zusammenfassung. Als Zusammenfassung werden am Schluß des Gesprächs noch einmal alle wichtigen Punkte (Differenzen, Einverständnisse) aufgezeigt und das Gesprächsergebnis festgehalten.

Dem Abschluß eines Gesprächs kommt eine bedeutende Rolle zu, weil er oft Ausgangspunkt für weitere Gespräche ist. Da sich das Gespräch (auch das Gesprächsklima) auf nachfolgende Gespräche auswirkt, sollte der Gesprächsabschluß in einer angenehmen und positiven Atmosphäre erfolgen.

1.2.4 Gesprächsauswertung[14]

Die *Gesprächsauswertung* dient dazu, den Verlauf des Gesprächs zu analysieren, und zwar durch

1. persönliche Analyse und
2. sachliche Analyse.

1.2.4.1 Persönliche Analyse

Die *persönliche Analyse* beschäftigt sich mit den Verhaltensweisen der Gesprächsteilnehmer während des Gesprächs. Dabei beantworten wir folgende Fragen:

1. Habe ich mein Gesprächsziel erreicht?
2. Wie habe ich mich im Gespräch verhalten? Habe ich dem Partner Wertschätzung entgegengebracht? Habe ich seine Bedürfnisse beachtet?
3. Was habe ich falsch gemacht? Z. B. Partner nicht ausreden lassen.
4. Wie war das Gesprächsklima?
5. Welchen Beitrag habe ich zur Entstehung eines positiven Gesprächsklimas geleistet? Habe ich Verzweigungspunkte beachtet?
6. Welches *Bild* hat der Partner von mir?
7. Welchen Eindruck habe ich von ihm?
8. Was muß ich bei weiteren Gesprächen mit diesem Partner beachten? (z. B. Bedürfnisse).

Die Informationen, die durch die persönliche Analyse gewonnen werden, bilden wichtige Vorabinformationen für weitere Gespräche. Durch sie kann evtl. Fehlverhalten erkannt und bei weiteren Gesprächen vermieden werden.

---

14 Vgl. *G. Ammelburg:* Handbuch der Gesprächsführung, S. 65.

Merke: Die *persönliche Analyse* gibt wichtige Hinweise für die Vorbereitung zukünftiger Gespräche.

1.2.4.2 Sachliche Analyse

Die *sachliche Analyse* berücksichtigt alle organisatorischen Maßnahmen, die sich aufgrund des Gesprächs ergeben.

Beispiel:

Auswertung von Gesprächsnotizen (Informationsbasis für weitere Gespräche).

Folgehandlungen (Telefonate).

Veranlassung von Maßnahmen (Übertragung von Arbeiten an Mitarbeiter).

Zusammenfassung:

Bei einem Sachgespräch werden folgende vier Gesprächsabschnitte unterschieden:

1. Definition und Festlegung der Gesprächsziele,
2. Gesprächsvorbereitung,
3. Gesprächsdurchführung,
4. Gesprächsnachbereitung.

Die Gesprächsdurchführung, das eigentliche Sachgespräch, gliedert sich in die vier Abschnitte:

1. Eröffnung des Gesprächs,
2. Darstellung des Gesprächanlasses,
3. Kerngespräch,
4. Abschluß des Gesprächs.

1.3 Fünf gesprächspsychologische Grundsätze des Sachgesprächs

Zu Beginn dieses Kapitels wurde erläutert, daß das Sachgespräch ein zielorientiertes Gespräch ist. Es werden Ziele festgelegt, die durch das Gespräch erreicht werden sollen. Ob diese Gesprächsziele wirklich erreicht werden, hängt unter anderem von den *Verhaltensweisen der Gesprächsteilnehmer* während des Gesprächs ab. Durch ihr Verhalten wird der Verlauf eines

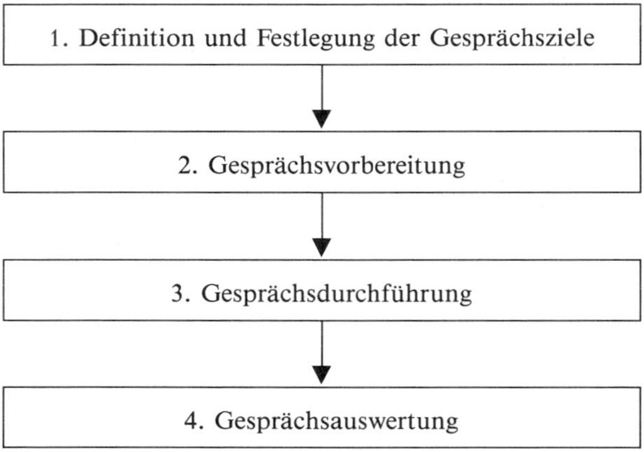

Abb. 2: Ablaufschema eines Sachgesprächs

Gesprächs beeinflußt. Der Gesprächsverlauf wird hauptsächlich durch folgende Verhaltensweisen der Teilnehmer geprägt:

- das Sprechverhalten,
- die Argumentationsweise,
- die Fragetechnik,
- das Zuhörverhalten,
- das non-verbale Verhalten.

Diese Verhaltensweisen sind mitverantwortlich für Erfolg oder Mißerfolg eines Gesprächs. Sie wirken sich auf dessen *Sachebene* und dessen *Beziehungsebene* aus.

Beispiel:

Wird einem Gesprächsteilnehmer bei einem Gespräch nicht zugehört, empfindet er dies als Ablehnung seiner Person. Sein Selbstwertgefühl wird bedroht und er reagiert mit *Abwehrmechanismen.*

Die Verhaltensweisen der Gesprächsteilnehmer währends des Gesprächs, prägen das Bild, das wir uns von unserem Gegenüber machen. Dieses *Bild des anderen*[15] beeinflußt das Verhalten gegenüber dem Gesprächspartner und wirkt sich auch auf nachfolgende Gespräche aus.

15 Vgl. *E. Crisand:* Psychologie der Gesprächsführung 1992.

Zwei Beispiele:

- Wenn wir einen positiven *ersten Eindruck* von unserem Gesprächspartner haben, verhalten wie uns ihm gegenüber freundlicher, als wenn wir einen negativen Eindruck von ihm haben. Diese positive Einstellung überträgt sich auf den Gesprächspartner. Es entsteht eine positive Gesprächsatmosphäre.
- Wurden negative Erfahrungen in vergangenen Gesprächen gemacht, ist die Beziehung zum Gesprächspartner schon zu Beginn des Gesprächs beeinträchtigt und der Gesprächspartner wird abgelehnt. Durch das eigene ablehnende Verhalten wird das Verhalten des Gesprächspartners negativ verstärkt. Es entwickelt sich eine negative Gesprächsatmosphäre. Das Gespräch verläuft erfolglos.

Da sich das Verhalten der Gesprächsteilnehmer in einem solchen Ausmaß auf das Gespräch auswirkt, sollten wir unser eigenes Gesprächsverhalten kontrollieren. Die folgenden fünf gesprächspsychologischen Grundsätze geben uns hierfür die erforderlichen Anhaltspunkte.

Fünf gesprächspsychologische Grundsätze:

1. Richtiges Sprechen,
2. Richtiges Argumentieren,
3. Richtiges Fragen,
4. Richtiges Zuhören,
5. Richtiges non-verbales Verhalten.

Die einzelnen *gesprächspsychologischen Grundsätze* werden in den nachfolgenden Kapiteln ausführlich behandelt. Zum besseren Verständnis werden die Grundsätze getrennt dargestellt. Bei der Gesprächsführung sind die einzelnen *gesprächspsychologischen Grundsätze* jedoch gleichzeitig zu berücksichtigen.

2. Erster gesprächspsychologischer Grundsatz: Richtiges Sprechen

In diesem Kapitel wird der erste gesprächspsychologische Grundsatz: „Richtiges Sprechen“ vorgestellt. Dem Leser wird erläutert, welche Bedeutung das Sprechverhalten der Gesprächsteilnehmer für den gesamten Gesprächsverlauf hat. Es wird aufgezeigt, daß der erfolgreiche Gesprächsverlauf durch die Verständlichkeit der Aussage sowie durch die Sprechtechnik der Gesprächsteilnehmer beeinträchtigt oder gefördert werden kann. Ebenso wird dem Leser die Bedeutung eines positiven Gesprächsklimas vor Augen geführt.

2.1 Die Auswirkung des Sprechverhaltens auf das Gespräch

Das Erreichen des Gesprächsziels hängt im wesentlichen davon ab, *wie* die Gesprächsteilnehmer miteinander reden. Die Sprechweise beeinflußt die *Sachebene* und die *Beziehungsebene* eines Gesprächs.

Damit ein Gespräch nicht durch die Sprechweise der Gesprächsteilnehmer negativ beeinträchtigt wird, sind folgende drei Faktoren zu beachten:

- Verständlichkeit der Aussage (vgl. 2.2),
- Sprechtechnik (vgl. 2.3),
- positives Gesprächsklima (vgl. 2.4).

> **Merke:** Die *Sprechweise* der Gesprächsteilnehmer hat Auswirkungen auf den Ablauf und die Atmosphäre eines Gesprächs.

2.2 Verständlichkeit der Aussage

Bei allen Sachgesprächen werden Informationen ausgetauscht und weitergeleitet. Ob beispielsweise in Besprechungen bestimmte Entscheidungen getroffen werden oder ob es bei einem Gespräch darum geht, Mitarbeitern bestimmte Tätigkeiten zu übertragen: Informationen bilden den Kern der Aussage. Informationen können aber nur aufgenommen und verarbeitet werden, wenn sie richtig verstanden wurden.

Sprechen wir aber unverständlich,

- geht ein Teil der Aussage verloren,
- kann der Zuhörer der Unterredung geistig nicht mehr folgen.

Wie erreichen wir Verständlichkeit beim Sprechen? Verständlichkeit wird erreicht, wenn folgende vier Faktoren beachtet werden[16]:

- Einfachheit des Ausdrucks (vgl. 2.2.1)
- Gliederung und Ordnung (vgl. 2.2.2)
- Kürze und Prägnanz (vgl. 2.2.3)
- Anschaulichkeit (vgl. 2.2.4)

2.2.1 Einfachheit des Ausdrucks

Wenn wir in langen und verschachtelten Sätzen reden, viele Fremdwörter und ungebräuchliche Formulierungen benutzen, sprechen wir für den Gesprächspartner unverständlich, es entstehen Mißverständnisse, und der Sprecher wird evtl. abgelehnt.

Ein hoher Grad an Verständlichkeit wird durch eine *einfache Ausdrucksweise* erreicht.

Einfachheit bedeutet: kurze Sätze, bekannte Wörter, Erklären von Fachwörtern, wenig Fremdwörter, einfacher Satzbau.

Neben einer *einfachen Ausdrucksweise* wird eine verbesserte Verständlichkeit auch durch eine *gegliederte und geordnete* Sprechweise erreicht.

2.2.2 Gliederung und Ordnung

Reden wir ungegliedert und zusammenhangslos, verliert der Zuhörer beim Gespräch leicht den „roten Faden". Wir haben so unübersichtlich geredet, daß es ihm nicht mehr möglich ist, den Kern der Aussage zu erkennen. Es entstehen Mißverständnisse.

Damit der Gesprächspartner das Gesagte gut verstehen kann, ist beim Sprechen eine *Gliederung und Ordnung* zu beachten.

Innere Gliederung

Wirres, ungeordnetes Reden führt leicht zu Mißverständnissen zwischen den Gesprächsteilnehmern. Dies wird vermieden, wenn beim Sprechen eine *innere Gliederung* eingehalten wird. Dies bedeutet:

- Gedankengänge werden logisch aufeinander aufgebaut,
- Informationen werden in sinnvoller Reihenfolge wiedergegeben.

---

16 Vgl. *F. Schulz von Thun*: Miteinander reden – Störungen und Klärungen, 1987.

Äußere Ordnung

Äußere Ordnung heißt, daß erkennbare Gliederungshilfen beim Sprechen berücksichtigt werden. Sie helfen dem Gegenüber, den Überblick nicht zu verlieren. Dies empfiehlt sich besonders bei längeren Gesprächen.

Eine äußere Orndung entsteht, wenn wir die folgenden fünf Punkte beachten:

- zu Beginn eines Gesprächs einen Überblick schaffen,
  Beispiel: „Heute besprechen wir . . ."
- strukturierende Bemerkungen machen,
  Beispiel: „Der nächste Punkt . . ."
- Wichtiges hervorheben,
  Beispiel: „Besonders wichtig in diesem Zusammenhang . . ."
- Sprechpausen einlegen,
- Zusammenfassen,
  Beispiel: „Ich fasse noch einmal zusammen . . ."

Die Verständlichkeit der Aussage wird neben einem *gegliederten und geordneten* Reden auch durch eine kurze präzise Ausdrucksweise erreicht.

2.2.3 Kürze und Prägnanz

Wird beim Gespräch eine kurze, präzise Ausdrucksweise gewählt, so wird der Gesprächspartner nicht durch weitschweifige Formulierungen vom Kern der Aussage abgelenkt. Er behält somit den Überblick über das, was gesagt wurde. Die Gefahr, daß Mißverständnisse entstehen, ist verringert.

Eine kurze und präzise Ausdrucksweise entsteht durch das Vermeiden von

- umständlichen Formulierungen,
- Füllwörtern und Phrasen, (z. B. „Äh", „Also"),
- Wiederholungen,
- überflüssiger Information.

Ein wichtiger Punkt ist auch das *Vermeiden von Überinformationen.*

Vermeiden von Überinformationen

Als Überinformationen werden alle überflüssigen Informationen bezeichnet, die dem Gesprächspartner übermittelt werden („wir schweifen ab").

Überinformation entsteht durch:

- assoziatives Sprechen (d. h. wir reden nicht über das eigentliche Thema, sondern darüber, was uns gerade einfällt: „Wir schweifen ab"),

– Wiederholungen (Redundanzen),
– weitschweifige Formulierungen.

Überinformation bewirkt, daß

– der Sprecher sich inhaltlich immer weiter vom Thema entfernt,
– die Aufmerksamkeit und das Interesse des Gesprächspartners sinkt,
– der Gesprächspartner ermüdet,
– er ungeduldig wird und das Gespräch beenden möchte.

Überinformation hat gelegentlich auch seine Ursache darin, daß

– wir reden, ohne eine genaue Vorstellung von dem zu haben, was wir sagen wollen,
– wir ungenügend oder überhaupt nicht auf das Gespräch vorbereitet sind,
– wir dem Vorredner nicht aufmerksam zugehört haben.

Überinformation kann jedoch bewußt eingesetzt werden

– als rhetorisches Mittel (eine Wiederholung der Aussage dient besonders bei politischen Reden und bei Sachvorträgen dazu, daß sich die Zuhörer diese besser einprägen),
– zur Zusammenfassung und Gliederung,
– wenn man sicher ist, falsch oder nicht verstanden worden zu sein,
– in Gesprächen, in denen es um Kreativität geht (z. B. Brainstorming: Zur Lösung bestimmter Probleme werden die spontanen Lösungsvorschläge aller Teilnehmer gesammelt und anschließend ausgewertet).

Überinformation läßt sich vermeiden, wenn folgende sieben Regeln beachtet werden[17]:

1. Wir bereiten uns gründlich auf das Gespräch vor.
2. Wir konzentrieren uns auf das Gespräch.
3. Wir hören dem Sprecher genau zu[18].
4. Wir reden nur, wenn wir wissen, was wir sagen wollen.
5. Wir sagen nur das, was wir sagen wollten, bevor wir zu sprechen begannen.
6. Wir sprechen Gedanken, die uns während des Sprechens einfallen, nicht aus.
7. Wir wiederholen das Gesagte nur, wenn wir falsch oder nicht verstanden wurden.

Als letzter Faktor der Verständlichkeit wird auf die *Anschaulichkeit* eingegangen.

---

17 Vgl. *R. Lay:* Führen durch das Wort 1985, S. 227.
18 Vgl. Richtiges Zuhören, Kap. 5.

2.2.4 *Anschaulichkeit*

Langweiliges und uninteressantes Sprechen führt zu einem Absinken der Aufmerksamkeit des Gesprächspartners. Er schaltet gedanklich ab. Die Kommunikation wird beeinträchtigt.

Dies kann durch eine *anschauliche Sprechweise* vermieden werden, z. B. durch Beispiele, Zitate, rhetorische Fragen und visuelle Hilfsmittel.

> **Merke:** Werden *visuelle Hilfsmittel* während des Gesprächs eingesetzt, lassen sich besonders bei schwierigen Verhandlungen Informationen verständlicher darstellen und die Aufmerksamkeit des Gesprächspartners erhalten.

Zusammenfassung:

Die Sprechweise der Gesprächsteilnehmer beeinflußt die *Sachebene* und die *Beziehungsebene* eines Gesprächs.

Wir sollten deshalb auf *verständliche Formulierungen* achten, d. h. wir sprechen:

- kurz und prägnant,
- einfach,
- gegliedert und geordnet,
- anschaulich, interessant.

Für einen erfolgreichen Gesprächsverlauf ist neben einer *verständlichen Ausdrucksweise* auch die Art und Weise, *wie* wir reden, unsere Sprechtechnik, von Bedeutung.

2.3 Sprechtechnik [19]

Beobachten wir das eigene Sprechverhalten und das unserer Mitmenschen, entdecken wir negative Verhaltensweisen wie beispielsweise:

- monotones, ausdrucksarmes Sprechen,
- undeutliches Sprechen,
- zu schnelles, überhastetes Sprechen,
- zu lautes/leises Sprechen,
- zu langsames, schwerfälliges Sprechen.

---

19 Vgl. Stimmlicher Ausdruck, Kap. 6.

Die *Sprechtechnik* der Gesprächspartner hat Auswirkungen auf die *Sachebene* und die *Beziehungsebene* des Gesprächs, d. h. ein Teil der Informationen geht verloren, und es entstehen Mißverständnisse bzw. der Sprecher wird abgelehnt und die Beziehung der Gesprächsteilnehmer wird beeinträchtigt.

Der Verlauf eines Gesprächs wird hauptsächlich durch vier Faktoren bestimmt:

- Lautstärke (vgl. 2.3.1)
- Sprechtempo (vgl. 2.3.2)
- Aussprache (vgl. 2.3.3)
- Stimmlage (vgl. 2.3.4)

2.3.1 Lautstärke

Ein Gespräch wird durch die Lautstärke, mit der die Gesprächsteilnehmer reden, beeinflußt. Es geht um

- zu lautes Sprechen,
- zu leises Sprechen.

2.3.1.1 Zu lautes Sprechen

In bestimmten Situationen neigen wir dazu, *laut* zu sprechen. So beispielsweise, wenn wir verärgert oder aber engagiert sind.

Auf den Gesprächspartner wirken wir, damit:

- autoritär,
- aggressiv,
- aufdringlich,
- unbeherrscht.

Zu lautes Sprechen bewirkt, daß

- sensible Gesprächspartner eingeschüchtert werden,
- selbstsichere, angriffslustige Gesprächspartner provoziert werden,
- die Aufmerksamkeit des Zuhörers sinkt,
- der Zuhörer ungeduldig und nervös wird,
- der Sprecher abgelehnt wird.

2.3.1.2 Zu leises Sprechen

Bei Unsicherheit neigen wir dazu, *leise* zu sprechen.

Auf den Zuhörer wirken wir dadurch

- unsicher, gehemmt,
- wenig überzeugend,
- wenig engagiert.

Dies hat zur Folge:

- Der Sprecher wird abgelehnt.
- Die Beziehung zwischen den Gesprächsteilnehmern wird beeinträchtigt.

> **Merke:** Bei Gesprächen ist darauf zu achten, daß die Kommunikation mit dem Gesprächspartner nicht durch zu *lautes/zu leises* Sprechen behindert wird.

Durch einen Wechsel der Lautstärke wird dem Gesprächspartner das Zuhören erleichtert. Zum anderen kann seine Aufmerksamkeit auf bestimmte Wörter oder Aussagen gelenkt werden.

Neben der *Lautstärke* wirkt sich auch das *Sprechtempo* auf das Gespräch aus.

2.3.2 Sprechtempo

Die Sprechgeschwindigkeit läßt sich einteilen in:

- relativ langsames Sprechen (ca. 200 Silben/Min.)
- relativ „normales“ Sprechen (c. 350 Silben/Min.)
- relativ schnelles Sprechen (ca. 500 Silben/Min.).

Ein Gespräch wird durch die Sprechgeschwindigkeit beeinflußt. Negative Auswirkungen haben vor allem zu langsames Sprechen und zu schnelles Sprechen.

2.3.2.1 Zu langsames Sprechen

Die Aufnahmefähigkeit des Gesprächspartners liegt bei ca. 400 Silben/ Min.[20]. Redet ein Gesprächsteilnehmer zu langsam, führt dies beim Zu-

20 Vgl. *E. Crisand:* Psychologie der Gesprächsführung 1992.

hörer zu Desinteresse. Er hat zu viel Zeit, über eigene Assoziationen nachzudenken, er schweift gedanklich ab.

2.3.2.2 Zu schnelles Sprechen

Ein Sprechtempo von ca. 500 Silben/Min. und mehr wird von den meisten Zuhörern als „zu schnell" empfunden.

Redet ein Gesprächspartner sehr schnell, wirkt er unsicher, hektisch, ungeduldig.

> **Merke:** Beim Führen eines Gesprächs ist darauf zu achten, daß die Kommunikation mit dem Gesprächspartner nicht durch zu *schnelles/zu langsames* Sprechen blockiert wird.

Zu schnelles Sprechen läßt sich korrigieren, wenn beim Gespräch bewußt *Pausen* eingeplant werden.

Ein weiterer Faktor, der sich auf den Gesprächsverlauf auswirkt, ist die *Aussprache* der Gesprächsteilnehmer.

2.3.3 Aussprache

Eine undeutliche Aussprache (z. B. Nuscheln) hat Auswirkungen auf die *Sachebene* und die *Beziehungsebene* eines Gesprächs.

Auswirkungen auf der Beziehungsebene: Der Gesprächspartner muß sich immer stärker konzentrieren, damit er das Gesagte versteht. Dies führt nach einiger Zeit zur Ermüdung und schließlich zu seiner Verärgerung.

Auswirkungen auf der Sachebene: Die Informationen werden nicht richtig verstanden, es entstehen Mißverständnisse.

> **Merke:** Um den Gesprächsverlauf nicht zu behindern, ist auf eine *klare* und *deutliche* Aussprache zu achten.

Eine übertrieben deutliche Aussprache ist jedoch zu vermeiden. Der Sprecher wirkt dadurch unnatürlich und gekünstelt, die Gesprächsatmosphäre kalt und abstoßend.

2.3.3.1 Wie erkennen wir, ob wir eine gute oder eine schlechte Aussprache haben?

Wir sprechen einen Text auf Tonband. Bei der Wiedergabe filtern wir die hohen Töne heraus. Wenn nun alle Mitlaute gut und deutlich verstanden werden, haben wir eine klare und deutliche Aussprache[21]. Neben der Aussprache wird das Gespräch auch durch die *Stimmlage* der Gesprächsteilnehmer beeinflußt.

2.3.4 Stimmlage

Starke Emotionen (Ärger, Freude) bewegen uns dazu, die Stimmlage anzuheben. Reden wir in einer *sehr hohen* Stimmlage, wird dies von den Zuhörern meist negativ empfunden.

> **Merke:** Der Gesprächsverlauf wird durch das Sprechen in einer hohen *Stimmlage* meist negativ beeinträchtigt.

Zusammenfassung:

Ein Gespräch wird durch die *Sprechtechnik* der Gesprächsteilnehmer beeinträchtigt. Auswirkungen zeigen vor allem folgende Sprechweisen:

- zu *lautes/leises* Sprechen,
- zu *schnelles/langsames* Sprechen,
- zu *undeutliches* Sprechen,
- zu *hohe* Stimmlage.

Neben einer *verständlichen Ausdrucksweise* und einer richtigen *Sprechtechnik* spielt für einen erfolgreichen Gesprächsverlauf das *Gesprächsklima* eine bedeutende Rolle.

2.4 Positives Gesprächsklima

Bei einem Sachgespräch genügt es nicht, sich nur der *Sachebene* (z. B. Informationsaustausch) zuzuwenden.

Da jedes Gespräch auf einer *rationalen* und einer *emotionalen Ebene* stattfindet, ist auch die *Beziehungsebene* zu beachten. Denn die Beziehung der

21 Vgl. *G. Ammelburg:* Rhetorik für den Ingenieur 1977, S. 77.

Gesprächspartner prägt die Atmosphäre, in der das Gespräch stattfindet. Das *Gesprächsklima* bestimmt somit wesentlich den Gesprächsverlauf sowie dessen Ergebnis:

- Sind sich die Gesprächspartner unsympatisch, entsteht eine kalte, distanzierte Gesprächsatmosphäre. Die ablehnende Haltung der Gesprächsteilnehmer behindert einen erfolgreichen Gesprächsverlauf.
- Herrscht zwischen den Partnern jedoch eine entspannte, positive Atmosphäre,
  - lassen sich Sachaufgaben leichter klären,
  - werden die Argumente des Partners leichter angenommen,
  - führt das Gespräch schneller zu einem erfolgreichen Abschluß.

Für einen erfolgreichen Gesprächsverlauf ist es deshalb erforderlich, eine positive Beziehung zum Gesprächspartner aufzubauen und ein positives Gesprächsklima zu schaffen.

Ein positives Gesprächsklima entsteht, wenn wir folgende drei Punkte beachten:

- eine *positive Grundeinstellung* gegenüber dem Partner (vgl. 2.4.1),
- Berücksichtigung seiner *Bedürfnisse* im Gespräch (vgl. 2.4.2),
- eine *positive Ausdrucksweise* (vgl. 2.4.3).

2.4.1 Positive Grundeinstellung

Um ein positives Gesprächsklima aufzubauen, müssen wir eine positive Grundeinstellung zum Gesprächspartner entwickeln, d. h.

- ihn als Person annehmen,
- ihn wertschätzen.

Wir möchten alle von unseren Mitmenschen angenommen und akzeptiert werden. Es liegt uns viel daran, daß die Umwelt unseren „Wert“ erkennt und schätzt. So erwartet auch der Gesprächspartner, daß wir ihm Anerkennung und Wertschätzung entgegenbringen. Geschieht dies nicht, entstehen Minderwertigkeitsgefühle und Benachteiligungsgefühle.

Um dem Gesprächspartner Anerkennung und Wertschätzung entgegenzubringen, sollten wir auf folgende drei Punkte achten:

1. Wir reden umkehrbar.
2. Wir machen Ich-Aussagen.
3. Wir benutzen Formulierungen, die Anerkennung ausdrücken.

Zu 1. Wir reden umkehrbar (reversibel)

Wir signalisieren Anerkennung, wenn wir umkehrbar reden, d. h. wir reden mit dem Partner so, wie er auch zu uns reden könnte, ohne die Beziehung zu gefährden. Non-Reversibilität liegt z. B. vor, wenn der Vorgesetzte in der Anrede das „Herr“ wegläßt: „Meier, das haben Sie gut gemacht“. Oder der Lehrer: „Dicker, nimm doch die Pfoten aus dem Gesicht“.

Zu 2. Wir machen Ich-Aussagen[22]

Anstelle negativer *Sie-Aussagen*, die den Partner abwerten, machen wir positive *Ich-Aussagen*.

Beispiel:

Neg. Sie-Aussage: „Sie arbeiten viel zu langsam! Das kann ja bis morgen nicht fertig werden.“

Pos. Ich-Aussage: „Ich wäre beruhigter, wenn Sie etwas schneller arbeiten könnten, da wir morgen den Abgabetermin haben.“

Zu 3. Wir benutzen Formulierungen, die Anerkennung ausdrücken

Beispiel:

„Das ist interessant, was Sie sagen!“

„Das haben Sie treffend gesagt!“

Neben der *positiven Grundeinstellung* zum Gesprächspartner ist es für die Entstehung eines positiven Gesprächsklimas wichtig, die *Bedürfnisse des Gesprächspartners* im Gespräch zu berücksichtigen (Abbildung 3).

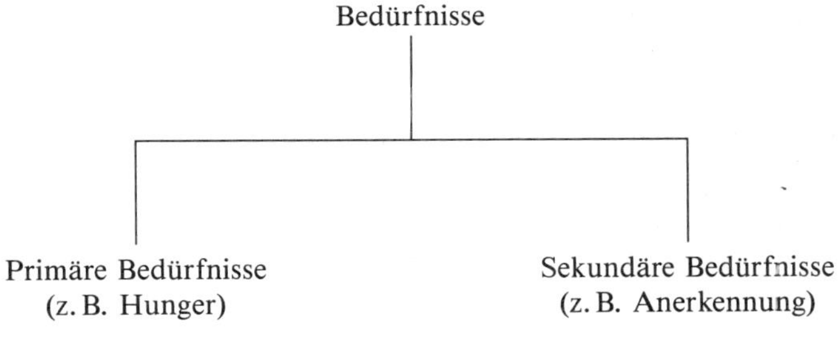

Abb. 3: Bedürfnisse

22 Vgl. *E. Crisand:* Psychologie der Gesprächsführung 1992.

Solche Bedürfnisse sind beispielsweise:

- Bedürfnis nach Selbstachtung,
- Bedürfnis nach Sicherheit, Geborgenheit,
- Bedürfnis nach sozialer Anerkennung,
- Bedürfnis nach Unabhängigkeit,
- Bedürfnis nach Vertrauen.

Werden diese Erwartungen und Bedürfnisse des Gesprächsteilnehmers jedoch nicht befriedigt, reagiert er mit *Abwehrmechanismen.*

Beispiel:

- Unzufriedenheit,
- Aggressivität,
- Niedergeschlagenheit,
- Frustration.

Erkennen wir also, *welche* Bedürfnisse der Partner befriedigen möchte und berücksichtigen diese im Gespräch,

- erreichen wir Zufriedenheit des Partners,
- wirken wir auf ihn sympathisch,
- fördern wir eine positive Beziehung,
- erzielen wir ein angenehmes Gesprächsklima.

Wir tragen somit zu einem erfolgreichen Gesprächsverlauf bei.

2.4.1.1 Wie erkennen wir die Bedürfnisse des Partners?[23]

Um die Bedürfnisse und Erwartungen des Partners zu erkennen, ist es notwendig, ihn zu beobachten. Als Beobachtungsmerkmale dienen uns:

- seine äußere Erscheinung,
- verbale Äußerungen,
- Freizeitverhalten,
- Verhalten in der Gruppe,
- Verhalten vor Vorgesetzten.

Wie von den Beobachtungsmerkmalen auf die möglichen Bedürfnisse geschlossen werden kann, zeigt Tabelle 1.

---

23 Vgl. *W. Correll:* Motivation und Überzeugung in Führung und Verkauf, 1984, S. 41.

Tabelle 1: Bedürfnisraster[24]

Beobachtung / Bedürfnis	Äußere Erscheinung	Verbale Äußerung	Freizeit, Hobby	Verhalten in der Gruppe	Verhalten vor Vorgesetzten
Soziale Anerkennung	– repräsentative Erscheinung – modisch – extravagant – legt Wert auf Statussymbole	– spricht in „Ich-Form" – theatralisch – lautstark – gestikulierend mit modischen Fremdwörtern	– exklusive Hobbys – ausgefallene Reisen	– Wortführer – wenig kooperativ – versucht zu dominieren	– benutzt andere, um bei Vorgesetzten im besseren Licht zu erscheinen
Sicherheit, Geborgenheit	– unauffällige Kleidung – solide	– spricht in „Man-Form" – zurückhaltend – gehemmt – leise u. wenig	– unauffällige Hobbys – Bastler	– anpassend – unauffällig – zurückhaltend	– unterordnend – Ja-Sager
Vertrauen	– Anpassung an Bezugsperson (Identifikation) – unauffällig	– spricht in „Wir-Form" – Ich-Du-Formulierung	– Geselligkeitshobbys (Kegeln, Skat usw.)	– kompromißbereit – schließt sich Bezugsperson an – kooperativ	– loyal – zuverlässig
Selbstachtung	– korrekte, normenorientierte Kleidung – sicheres Auftreten – Überpünktlichkeit	– zitiert Grundsätze – absichernd – spricht pointiert	– politisch oder religiöser Eiferer	– rechthaberisch – kompromißlos – schwer zu überzeugen	– distanziert – rechthaberisch – unnachgiebig
Unabhängigkeit	– selbstbewußt – sicheres Auftreten – saloppe Kleidung – nicht typgebunden – eigenwillig	– spricht in „Ich-Form" – vertritt Standpunkte konsequent – kurz, klar, präzise	– Einzelsportler – Individualreisen	– vertritt eigene Meinung – Konstruktiv – will Verantwortung übernehmen	– sachlich – zeigt eigene Meinung – bringt eigene Anregungen, Ideen

24 Vgl. *D. Dommann*: Faire und unfaire Verhandlungstaktiken und wie man sich gegen unfaire Taktiken schützen kann, 1987, S. 51 ff.

2.4.1.2 *Wie werden die Bedürfnisse des Gesprächspartners im Gespräch befriedigt?*

Vertrauen/Geborgenheit wird vermittelt durch

- freundlichen Umgangston,
- Formulierungen wie: „Ich bin immer für Sie zu sprechen". „Falls Sie Hilfe brauchen, ich helfe Ihnen."

Selbstachtung wird vermittelt durch

- Loben der Leistung/Vorschläge,
- Betonung der Unersetzlichkeit.

Unabhängigkeit wird vermittelt, indem man

- dem Gesprächspartner Zeit läßt, um eigene Argumente zu entwickeln,
- ihm Zeit läßt, sich Klarheit über ein Problem zu verschaffen.

Soziale Anerkennung wird vermittelt durch

- Loben der Leistung/des Beitrages vor anderen,
- Anerkennung der Stellung und des Prestiges des Partners,
- Anerkennung der Kompetenz des Gesprächspartners.

Neben einer *positiven Grundeinstellung* und der *Bedürfnisberücksichtigung* trägt eine *positive Ausdrucksweise* zum Aufbau eines guten Gesprächsklimas bei.

2.4.2 *Positive Ausdrucksweise*

Ein Gespräch wird durch die Wortwahl der Gesprächspartner entscheidend beeinflußt. Durch sie kann die Beziehung zum Partner aufgebaut oder aber zerstört werden. Worte können den Partner verletzen, verunsichern oder aber ihn aufbauen, sein Selbstbewußtsein stärken: Gebrauchen wir Formulierungen, die dem Partner den Eindruck vermitteln, daß wir ihm wenig zutrauen oder ihn nicht akzeptieren, verletzen wir sein Selbstwertgefühl – er zeigt *Abwehrreaktionen.*

Beispiel:

Bei einer Besprechung äußert sich ein Teilnehmer zu einem Vorschlag eines anderen folgendermaßen: „Was Sie da gerade vorgeschlagen haben, läßt sich nun aber wirklich nicht verwirklichen!"

Diese Äußerung verletzt sein Selbstwertgefühl. Er wird nachfolgende Vorschläge anderer Gesprächsteilnehmer ablehnen, um sein Gesicht zu wahren.

Merke: Negative, abwertende Formulierungen führen zu Störungen auf der *Beziehungsebene.* Ein erfolgreicher Gesprächsverlauf wird behindert.

Beispiel:

Nicht geschafft/noch zu erledigen;
schlecht/weniger gut;
unfähig/besser geeignet für;
Konkurrent/Mitbewerber.

Positive Formulierungen sind auch besonders bei sog. *Kritikgesprächen* zu berücksichtigen. Da es bei diesen Gesprächen darum geht, ein bestimmtes Fehlverhalten oder Fehlleistungen des Gesprächspartners zu besprechen, ist hier die Gefahr einer Verletzung des Selbstwertgefühls besonders groß.

Beispiel:

Ein Abteilungsleiter stellt fest, daß die Arbeitsleistung eines Mitarbeiters seit einiger Zeit deutlich nachgelassen hat. Beim gemeinsamen Gespräch kritisiert er die Fehlleistungen seines Mitarbeiters folgendermaßen: „Die Leistung, die Sie bringen, ist wirklich das allerletzte!"

Mit dieser Äußerung greift der Vorgesetzte den Mitarbeiter persönlich an. Um sein verletztes Selbstwertgefühl wieder herzustellen, reagiert der Mitarbeiter mit *Abwehrmechanismen.*

Beispiel:

Er rechtfertigt sich mit Gründen, die mit seiner Person nichts zu tun haben (z. B. Krankheit, schlechte Arbeitsbedingungen).

Gebraucht der Vorgesetzte statt dessen Formulierungen wie beispielsweise: „Ich kann mir die Schwankungen Ihrer Leistung in letzter Zeit gar nicht erklären. Sie sind doch ein zuverlässiger Mitarbeiter. Worin liegen Ihrer Meinung nach die Gründe für die Leistungsschwankungen?", vermeidet er eine Bedrohung des Selbstwertgefühls seines Mitarbeiters. Die nachlassende Leistung wird angesprochen, ohne „die ganze Person zu kritisieren". So ist es dem Mitarbeiter möglich, trotz aller Kritik sein Gesicht zu wahren.

Natürlich werden, besonders bei schwierigen Verhandlungen oder Besprechungen, negative Formulierungen oft dazu verwendet, das Gegenüber zu verunsichern, um eigene Ziele zu verwirklichen.

Erkennen wir, daß die Äußerungen des Gesprächspartners darauf abzielen, uns zu verunsichern, sollten wir uns nicht provozieren lassen, sondern das Gespräch durch geschickte Formulierungen auf die *Sachebene zurückführen*.

Beispiel:
„Es ist zwar interessant, was Sie da gerade zu meiner Person vorgetragen haben. Doch komme ich jetzt zum eigentlichen Gesprächsthema zurück!“

Merke: Eine *positive Ausdrucksweise* trägt dazu bei, eine *positive Beziehung* zwischen den Gesprächspartnern aufzubauen und zu erhalten.

Zusammenfassung:
Ist die *Beziehungsebene* zwischen den Gesprächspartnern gestört, entsteht eine negative Gesprächsatmosphäre. Ein erfolgreicher Gesprächsverlauf wird dadurch behindert.

Um ein Gespräch erfolgreich zu führen, ist eine vertrauensvolle Gesprächsatmosphäre notwendig.

Eine positive, vertrauensvolle Gesprächsatmosphäre entsteht durch:
- eine positive Grundeinstellung,
- Berücksichtigung der Bedürfnisse des Partners im Gespräch,
- eine positive Ausdrucksweise.

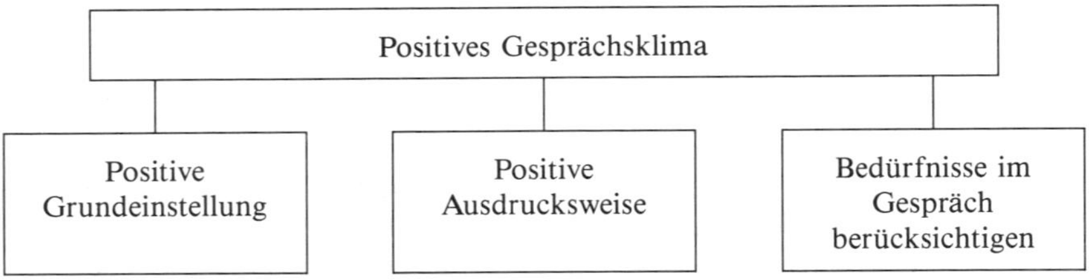

Abb. 4: Bedingungen für ein positives Gesprächsklima

3. Zweiter gesprächspsychologischer Grundsatz: Richtige Argumentation

Dieses Kapitel zeigt die Bedeutung der Argumentation im Sachgespräch auf. Dem Leser werden zwei unterschiedliche Argumentationsziele vorgestellt. Des weiteren werden die Grundlagen der Augumentation dargelegt sowie die Technik der Argumentation erläutert: Der Leser lernt verschiedene Möglichkeiten kennen, seine Argumentation aufzubauen, und er bekommt einen Einblick in unterschiedliche Argumentationsmethoden.

3.1 Bedeutung und Ziele der Argumentation im Sachgespräch

Bei einem Sachgespräch werden Informationen ausgetauscht, und es wird über verschiedene Sachfragen verhandelt oder diskutiert. Dabei stehen sich oftmals konkurrierende Sachverhalte gegenüber, und es soll eine Entscheidung getroffen werden.

So geht es bei vielen Gesprächen darum, den Gesprächspartner für eigene Vorschläge zu gewinnen, seine Zustimmung oder aber seine Ablehnung zu einer bestimmten Sachlage zu bewirken.

Dazu ist es notwendig, dem Gesprächspartner die eigenen Standpunkte zu verdeutlichen und zur Unterstützung der eigenen Aussage Beweisgründe anzuführen, d. h., es muß *argumentiert* werden. Die *Argumentation* dient den Gesprächsteilnehmern dazu, das Gesprächsziel zu erreichen. Durch die Argumentation soll der Gesprächspartner dazu bewegt werden, sich der vorgetragenen Meinung anzuschließen.

Die Gesprächsteilnehmer versuchen, mit ihrer Argumentationsweise auf

- das Verhalten,
- die Einstellung,
- die Meinung

des Gesprächspartners einzuwirken. Der Gesprächspartner soll durch die Argumentation entweder *überzeugt* oder aber *überredet* werden.

Merke: Es gibt zwei verschiedene Argumentationsziele:

1. Überzeugung des Gesprächspartners,
2. Überredung des Gesprächspartners.

Die Zielsetzung der Argumentation sollte darin bestehen, den Gesprächspartner zu überzeugen und nicht zu überreden. Versucht ein Gesprächsteilnehmer, den Gesprächspartner zu überreden, erreicht er nur vorübergehend sein Gesprächsziel. Die Art der Argumentation hat Auswirkungen auf die *Sachebene* und die *Beziehungsebene* eines Gesprächs.

Beispiel:
Bei einer Besprechung bringt ein Gesprächsteilnehmer keine sachlichen Argumente, sondern greift den Gesprächspartner persönlich an: „Mit Ihrem Sachverstand können Sie ja die Dinge nicht anders sehen!"

Auswirkungen auf der Beziehungsebene:

- Das Selbstwertgefühl des Gesprächspartners wird verletzt.
- Um sein Selbstwertgefühl wieder herzustellen, zeigt er *Abwehrreaktionen*.
- Die Gesprächsatmosphäre wird beeinträchtigt.

Auswirkungen auf der Sachebene:

- Die Sachebene tritt in den Hintergrund.
- Das Gespräch verläuft erfolglos.

Um bei einem Gespräch erfolgreich argumentieren zu können, müssen wir wissen, welche Möglichkeit es gibt, die einzelnen Argumente aufzubauen.

Es ist notwendig, die *Argumentationsgrundlagen* (vgl. 3.2) zu kennen und sich mit der *Argumentationstechnik* (vgl. 3.3) vertraut zu machen.

Das Argumentieren bei einem Sachgespräch sieht in der Praxis nicht so aus, daß die Gesprächsteilnehmer ihre Argumente nacheinander vortragen, sondern verschiedene Gesprächsteilnehmer verfolgen oft unterschiedliche oder entgegengesetzte Gesprächsziele. Aus diesem Grund wird die eigene Argumentation häufig durch Gegenargumente und Einwände anderer Gesprächsteilnehmer gestört, oder die Teilnehmer versuchen ihr Gegenüber zu verunsichern, um das eigene Gesprächsziel durchzusetzen. Wir sollten deshalb verschiedene *Argumentationsmethoden* kennen, die uns dabei helfen, das eigene Gesprächsziel zu verwirklichen (s. Abbildung 5).

Merke: Die Argumentationsweise der Gesprächsteilnehmer ist entscheidend für das Erreichen des Gesprächsziels; deshalb ist die Kenntnis der Argumentationsweise der Gesprächspartner für den Gesprächsführer von Bedeutung.

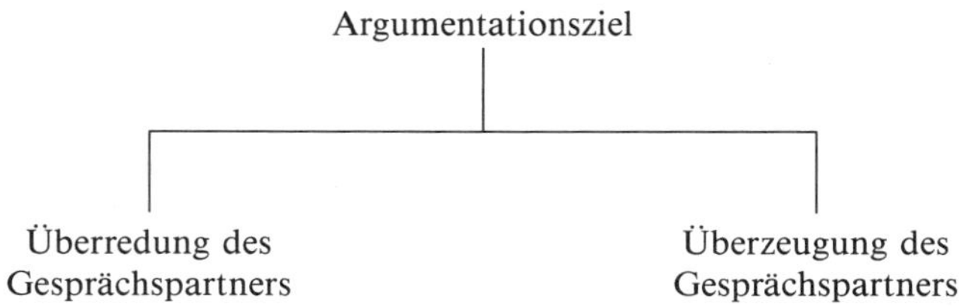

Abb. 5: Argumentationsziele

Zusammenfassung:
Die Argumentation der Gesprächsteilnehmer wirkt sich auf das Gespräch aus.

Wir unterscheiden zwei verschiedene Argumentationsziele:
1. Überzeugung des Gesprächspartners,
2. Überredung des Gesprächspartners.

Nachdem unter 3.1. *die Bedeutung und die Ziele der Argumentation im Sachgespräch* aufgezeigt wurden, werden nun *Grundlagen der Argumentation* erklärt.

3.2 Grundlagen der Argumentation[25]

Damit bei einem Gespräch erfolgreich argumentiert werden kann, ist es erforderlich, gewisse Grundlagen zu beachten. Zu diesen Grundlagen zählen:
- Logisches Sprechen (vgl. 3.2.1),
- Argumentationsfiguren (vgl. 3.2.2),
- Argumentationsvorbereitung (vgl. 3.2.3).

3.2.1 Logisches Sprechen

Eine grundlegende Voraussetzung für eine erfolgreiche Argumentation ist das *logische Sprechen*. Das bedeutet, daß die Argumente in einer logischen Reihenfolge aufgebaut und dem Gesprächsteilnehmer in verständlicher Weise übermittelt werden[26]. Hierbei ist *assoziatives Sprechen* zu vermeiden.

25 Vgl. *H. Geißner:* Rhetorik, 1974; *M. H. Ludwig:* Praktische Rhetorik, 1983; *Imeka:* Institut für Management u. Kaderausbildung, München.
26 Vgl. Verständlichkeit der Aussage, Kap. 2.

3.2.1.1 Vermeidung assoziativen Sprechens

Beim *assoziativen Sprechen* spricht ein Gesprächsteilnehmer Assoziationen, die ihm während des Sprechens einfallen, aus. Diese Assoziationen werden durch Reizwörter hervorgerufen, die während des Sprechens fallen. Die Folge ist, daß der Sprecher den Zusammenhang seiner eigenen Aussage verliert und gedanklich abschweift.

Beispiel:

A: „Wir dürfen nicht vergessen, die Urlaubsplanung für dieses Jahr zu machen – da fällt mir ein, ich muß noch das Reisebüro wegen des Fluges anrufen".
B: „Fliegen Sie wieder mit der Lufthansa?"
C: „Ich flog letztes Jahr mit der Air France und war sehr zufrieden."
A: „... zurück zur Urlaubsplanung ..."

Assoziatives Sprechen bwirkt, daß

- der Sprecher den „roten Faden" seiner Aussage verliert,
- die Assoziationen i.d.R. weitere Reizwörter enthalten, durch die der Sprecher immer weiter von seiner Aussage abgelenkt wird,
- die Zuhörer den Kern der Aussage nicht mehr erkennen können,
- das assoziative Sprechen bei den Zuhörern zur Bildung eigener Assoziationen führt, die sie von der Sprecheraussage ablenken.

> **Merke:** Assoziatives Sprechen behindert durch Abschweifen der Gedanken eine erfolgreiche Argumentation.

Assoziatives Sprechen läßt sich vermeiden, wenn folgende drei Regeln beachtet werden:

1. Die Argumente in einer logischen Reihenfolge aufbauen.
2. Assoziationen, die uns während des Sprechens einfallen, nicht aussprechen.
3. Wichtige Assoziationen an geeigneter Stelle im Gespräch vorbringen.

Neben dem *logischen Sprechen* gehören auch *Argumenationsfiguren* zu den Grundlagen der Argumentation.

3.2.2 Argumentationsfiguren

Argumentationsfiguren zeigen, welche unterschiedlichen Möglichkeiten es gibt, die einzelnen Argumente zu einer logischen und überzeugenden Gesamtaussage aufzubauen. Die gebräuchlichsten Argumentationsfiguren sind:

– „Kette“
– „Raute“
– „Dialektik“
– „Vom Allgemeinen zum Besonderen“
– „Keine Alternative“
– „Kompromiß“

Die einzelnen Figuren lassen sich auch zu verschiedenen Mischformen kombinieren. Nachfolgend werden die einzelnen Argumentationsfiguren näher erläutert.

3.2.2.1 Argumentationsfigur „Kette“

Bei dieser Argumentationsfigur werden die einzelnen Argumente wie die Glieder einer Kette aneinandergereiht. Sie bauen in einer streng chronologischen oder logisch richtigen Reihenfolge aufeinander auf[27].

Argumentationsaufbau:

Beispiel:
1. Meinung/These äußern,
2. Argument 1,
3. Argument 2, usw.

Die logische Aneinanderreihung der einzelnen Argumente bewirkt:
– eine klare Strukturierung der Aussage;
– der Gesprächspartner kann leicht zwischen der subjektiven Meinung und den sachlichen Argumenten unterscheiden;
– die subjektive Meinung/These wird durch die Argumente objektiviert und dadurch leichter angenommen.

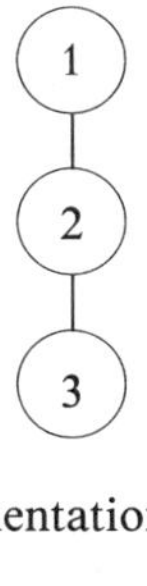

Abb. 6: Argumentationsfigur „Kette“

27 Vgl. Argumentation nach dem Prinzip der Steigerung.

Beispiel:

These: „Die Einführung einer Autobahngebühr ist langfristig unerläßlich."

Argument 1: „Weil unsere europäischen Nachbarn ebenfalls Autobahngebühren erheben, kommt es zu einer starken Verzerrung der Marktbedingungen."

Argument 2: „Da der Staat jährlich Milliardenbeträge für die Instandhaltung des Autobahnnetzes ausgeben muß, ist eine zusätzliche Einnahmequelle unabdingbar."

Die Kettung der Argumente läßt sich auch umkehren:

1. Argument 1
2. Argument 2 usw.
3. Meinung/These

Merke: Werden zuerst die Argumente aufgezählt und danach die Meinung/These angeführt, sieht der Gesprächspartner die Argumente als Tatsache an, aus der sich die Meinung/These folgerichtig ableitet.

Beispiel:

Argument 1: „Würden in den Städten keine Autos mehr auf der Straße fahren, so könnten die Straßen, die jetzt Todeszonen sind, zu Begegnungsstätten für Menschen werden."

Argument 2: „Ferner würde innerhalb kürzester Zeit ein deutlicher Rückgang der Luftverschmutzung eintreten, außerdem wäre der störende Verkehrslärm gebannt".

These: „Deshalb bin ich dafür, um die Lebensqualität in den Städten zu erhöhen, das Auto aus den Städten zu verbannen.

3.2.2.2 Argumentationsfigur „Raute"

Bei dieser Figur gliedert sich die Argumentation in drei Teile:

- Einleitung,
- Hauptteil,
- Schluß.

Argumentationsaufbau:

Beispiel:

Einleitung: (1) In der Einleitung wird das Kernproblem dargestellt und zum Hauptteil übergeleitet.

Hauptteil: (2, 3, 4)	Im Hauptteil werden die einzelnen Argumente aufgeführt. Dabei ist zu beachten, daß die einzelnen Argumente gleichwertig nebeneinander angeordnet sind.
Schluß: (5)	Am Schluß wird eine Lösung vorgeschlagen, die die einzelnen Argumente berücksichtigt.

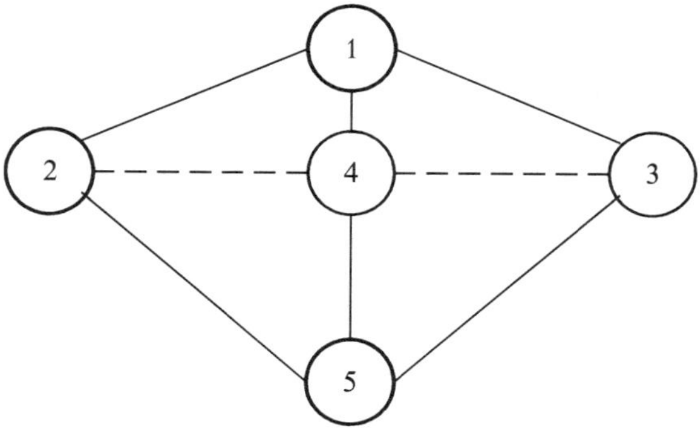

Abb. 7: Argumentationsfigur „Raute“

Beispiel:

Einleitung: (1)	„Das Problem der Müllvermeidung ist komplex, und es gibt sicher gute Gründe für die eine oder andere Lösungsalternative. Immerhin scheinen mir drei grundsätzliche Überlegungen besonders wichtig:“
Hauptteil: (2, 3, 4)	„Erstens: Eine Lösung, wie auch immer sie aussieht, muß langfristig sein.“ „Zweitens: Sie darf die Umwelt nicht belasten.“ „Drittens: Die Lösung soll wenig kosten“.
Schluß: (5)	„Dieser Forderung wird nach meiner Meinung nur eine Lösung gerecht: Die Rücknahme der Behälter durch die Verursacher.“

3.2.2.3 Argumentationsfigur „Dialektik“

Bei dieser Argumentationsfigur werden gegensätzliche Argumente miteinander verglichen und eine Lösungsmöglichkeit vorgeschlagen.

Argumentationsaufbau:

Beispiel:

1. Es gibt einige neue Meinungen der Produktgruppe.
2. Sie sind der Ansicht ...
3. Dagegen ist zu sagen ...

4. Vergleicht man beide Argumente ...
5. Deshalb mein Vorschlag ...

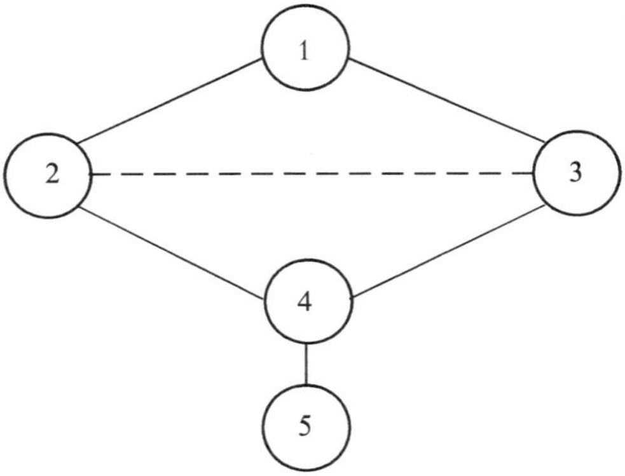

Abb. 8: Argumentationsfigur „Dialektik“

Beispiel:[28]

1. „Es ist erstaunlich, daß die Gegner gewisse Tatsachen einfach nicht wahrhaben wollen.“
2. „So behaupten sie, eine Beschränkung der Geschwindigkeit auf max. 100 Stundenkilometer erbringe nur eine unerhebliche Reduktion der Unfallziffern auf den Autobahnen.“
3. „Dieser Behauptung stehen eindeutige Ergebnisse von Versuchen aus dem Ausland gegenüber, die z. B. bei Unfällen mit schweren Verletzungen einen Rückgang von 20% erbrachten.“
4. „Schon der Vergleich der Unfallziffern beweist die Wirksamkeit und die Notwendigkeit der Geschwindigkeitsbegrenzung auf Autobahnen.“
5. „Aus diesem Grund bin ich dafür, die Fahrgeschwindigkeit auf Autobahnen auf 100 Stundenkilometer zu begrenzen.“

3.2.2.4 Argumentationsfigur „Vom Allgemeinen zum Besonderen“

Das wesentliche dieser Argumentationsfigur ist, daß

- an allgemeine Lösungsalternativen angeknüpft wird,
- zu den einzelnen Argumenten übergeleitet wird,
- die einzelnen Argumente gleichwertig nebeneinander angeordnet sind,
- der Lösungsvorschlag am Schluß der Argumentation die einzelnen Argumente berücksichtigt.

---

28 *Imeka*, München (Fn. 25).

Argumentationsaufbau:

Beispiel:

1. Allgemein sieht man die Sache so . . .
2. Aus unserer Erfahrung aber . . .
3. Erstens . . .
4. Zweitens . . .
5. Folglich . . .

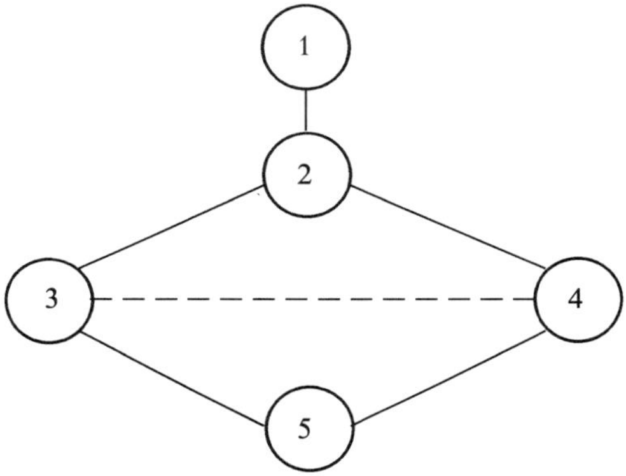

Abb. 9: Argumentationsfigur „Vom Allgemeinen zum Besonderen"

Beispiel:[29]

1. „Im allgemeinen wird ein Trainer entlassen, wenn die Mannschaft erfolglos ist."
2. „Aus unserer Erfahrung wissen wir, daß nie ein Trainer allein für Erfolg oder Mißerfolg einer Mannschaft verantwortlich ist."
3. „Erstens kann die Nervenbelastung für die jungen Spieler einfach zu groß sein."
4. „Und zweitens gibt es auch Spieler, die sich aus persönlichen Gründen gegen das Konzept eines Trainers stellen."
5. „Folglich muß man erst einmal das Mannschaftsgefüge und seine Beziehung zum Trainer genau untersuchen, bevor man einen so folgenschweren Schritt wie einen Trainerwechsel vornimmt."

---

29 Nach *M. H. Ludwig*: Praktische Rhetorik 1983, S. 40.

3.2.2.5 *Argumentationsfigur „Keine Alternative“*[30]

Die Argumentationsfigur „Keine Alternative“ vergleicht zwei verschiedene Standpunkte miteinander:

- Zuerst werden die Argumente der einen Position aufgezählt,
- diesen werden die Argumente der Gegenseite gegenübergestellt,
- die Lösungsalternative am Schluß der Argumentation beinhaltet keinen der Standpunkte.

Argumentationsaufbau:

Beispiel:[31]

1. A hat folgenden Standpunkt ...
2. Er begründet ihn mit ...
3. Im Gegensatz dazu möchte B ...
4. B begründet seine Haltung mit ...
5. Ich kann mich für keinen von beiden entschließen, sondern ...

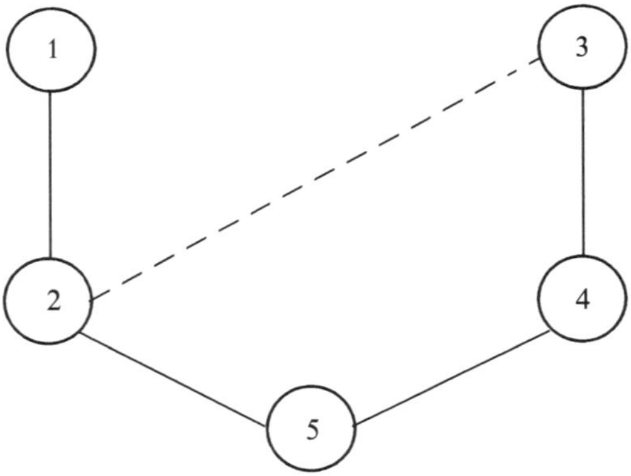

Abb. 10: Argumentationsfigur „Keine Alternative“

Beispiel:[32]

1. „Es gibt Leute, die geben auch in Kleinigkeiten nicht nach.“
2. „Sie befürchten, Ansehen und Autorität zu verlieren.“
3. „Andere wiederum möchten es ihrem Gegenüber in jeder Beziehung recht machen.“

30 Vgl. *H. Geißner:* Rhetorik 1974, S. 124.
31 Nach *M. H. Ludwig:* Praktische Rhetorik 1983, S. 41.
32 Nach *M. H. Ludwig:* Praktische Rhetorik 1983, S. 41.

4. „Diese Menschen glauben, so einen konfliktfreien Umgang mit den Mitmenschen zu verwirklichen.“
5. „Ich kann weder dem einen noch dem anderen zustimmen, sondern versuche, von beiden Extremhaltungen je nach Situation Gebrauch zu machen.“

3.2.2.6 Argumentationsfigur „Kompromiß“

Bei der Argumentation nach dieser Figur wird versucht, eine Kompromißlösung zwischen unterschiedlichen Standpunkten zu finden:

- Es werden die einzelnen Argumente der verschiedenen Positionen aufgezeigt,
- Gemeinsamkeiten werden hervorgehoben,
- abschließend wird eine Lösungsalternative angeboten, die beide Standpunkte berücksichtigt.

Argumentationsaufbau:

Beispiel:

1. A behauptet ...
2. B widerspricht mit Argument ...
3. Beiden Ansichten ist gemeinsam ...
4. Aus diesen Gemeinsamkeiten läßt sich folgende Lösung entwickeln ...
5. In dieser Richtung sollte eine Lösung gefunden werden.

Beispiel:[33]

1. A behauptet, daß Kernenergie gefährlich sei und schlägt die verstärkte Nutzung von Kohle vor.
2. B entgegnet, daß man die Risiken der Kernenergie im Griff habe und behauptet seinerseits, daß die Nutzung der Kohle zu schweren Umweltschäden durch sauren Regen führe.
3. Aus beiden Äußerungen geht hervor, daß beide Energiegewinnungsarten Risiken beinhalten und daß jede Seite die Risiken klein halten will.
4. Diese Gemeinsamkeiten könnte eine Annäherung der Standpunkte fördern.
5. Eine Annäherung könnte dadurch erzielt werden, daß beide Energiearten verwendet werden und bei beiden Energiearten gleichzeitig und mit Nachdruck auf die Minderung der Risiken und der Umweltbelastung hingewiesen wird.

Nachdem die verschiedenen *Argumentationfiguren* aufgezeigt wurden, wird die *Vorbereitung der Argumentation* dargestellt.

33 Vgl. *M. H. Ludwig:* Praktische Rhetorik 1983, S. 48.

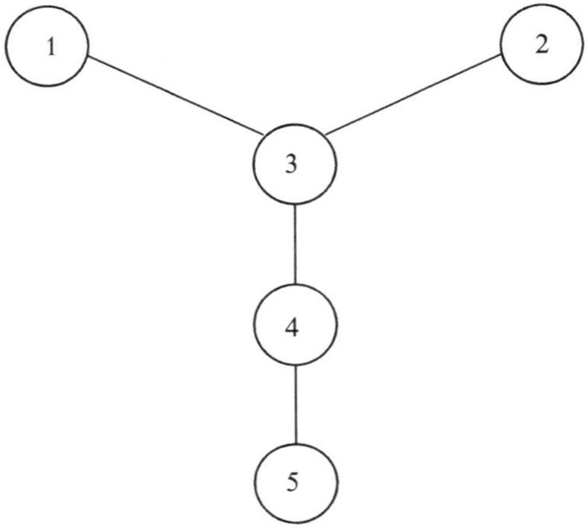

Abb. 11: Argumentationsfigur „Kompromiß“

3.2.3 Vorbereitung der Argumentation

Da zur Erreichung des Gesprächsziels die Argumentation der Gesprächsteilnehmer eine entscheidende Rolle spielt, ist es angebracht, die Argumentationsweise genau vorzubereiten. Die Argumentation sollte schon vor dem Gespräch, bei der *Gesprächsvorbereitung*[34], genau geplant werden, indem die folgenden sechs Fragen beantwortet werden:

1. Welche Argumentationsziele habe ich?[35]
   (Überzeugung oder Überredung)
2. Welche Argumente besitze ich?
3. Welche Gegenargumente erwarte ich?
4. Wie kann ich die Gegenargumente entkräften?
5. Wie argumentiere ich?
   (Argumentationsfigur, Argumentationsmethode)
6. Benötige ich Hilfsmittel zur Unterstützung meiner Aussage?[36]

Zur Verdeutlichung wird die Vorbereitung der Argumentation an einem Beispiel dargestellt.

34 Vgl. Gesprächsvorbereitung, Kap. 1.
35 Vgl. Argumentationsziele in diesem Kapitel.
36 Vgl. Organisatorische Gesprächsvorbereitung, Kap. 1.

Beispiel:

In einer Firma findet eine Besprechung über die Kapazitätsplanung und die derzeitige Auftragslage statt. Zusätzliche Aufträge sind nur bei einer Ausweitung der Kapazitätslage ausführbar. Es soll darüber diskutiert werden, wie die Kapazität ausgeweitet werden kann.

Vorbereitung:

1. Welches Argumentationsziel habe ich?
   – Durch meine Argumentation will ich den Gesprächspartner überzeugen, daß eine Kapazitätsausweitung nur durch einen Zwei-Schichtbetrieb sinnvoll ist.
2. Welche Argumente besitze ich?
   – Zwei-Schichtbetrieb ist billiger als die Schaffung völlig neuer Arbeitsplätze, da eine Neuanschaffung von Maschinen entfällt.
   – Durch die bessere Auslastung der vorhandenen Maschinen ist außerdem eine höhere Rentabilität zu erwarten.
3. Welche Gegenargumente erwarte ich?
   – Bei einem Zwei-Schichtbetrieb können sich Probleme mit den Mitarbeitern einstellen. Es dürfte schwerfallen, die Mitarbeiter für Schichtarbeit zu gewinnen.
4. Wie kann ich die Gegenargumente entkräften?
   – Die Mitarbeiter könnten durch Prämien, Schichtzuschläge, Freizeitausgleich zur Schichtarbeit motiviert werden.
5. Wie argumentiere ich?
   – Die einzelnen Argumente baue ich nach der Argumentationsfigur „Kette“ auf:
     Ich bin dafür, die Kapazitätsausweitung durch einen Zwei-Schichtbetrieb zu verwirklichen.
     Bei einem Zwei-Schichtbetrieb müssen keine neuen Maschinen angeschafft werden. Es fallen daher keine hohen Zusatzkosten an. Außerdem werden die vorhandenen Maschinen besser ausgelastet.
6. Welche Hilfsmittel benötige ich?
   Zur Unterstützung meiner Argumentation lege ich verschiedene Kalkulationen vor.

Zusammenfassung:

Für eine wirkungsvolle Argumentation benötigen wir die Kenntnis von *Argumentationsgrundlagen.*

Dazu gehören:

– Logisches Sprechen,
– Argumentationsfiguren,
– Argumentationsvorbereitung.

3.3 Argumentationstechnik

Für eine erfolgreiche Argumentation müssen wir wissen, welche Möglichkeiten es überhaupt gibt, die Vorgehensweise bei der Argumentation zu gestalten.

Grundsätzlich gibt es zwei verschiedene Arten der Argumentation. Je nachdem, welche Argumentationsziele verfolgt werden (Überzeugung oder Überredung), unterscheidet man zwischen:

- kooperativer Argumentation (vgl. 3.3.1),
- strategischer Argumentation (vgl. 3.3.2).

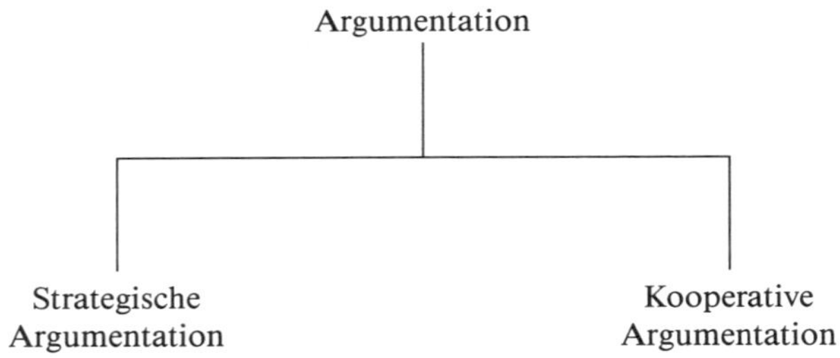

Abb. 12: Argumentationsarten

3.3.1 Kooperative Argumentation

3.3.1.1 Darstellung der kooperativen Argumentation

Bei der kooperativen Argumentation besteht das Argumentationsziel darin, den Gesprächspartner zu überzeugen, ihn persönlich und sachlich für das eigene Gesprächsziel zu gewinnen.

Die Gesprächsteilnehmer versuchen, durch ihre Argumentation zu einer Einigung bei einem Gespräch zu kommen und sind dazu bereit, Kompromisse einzugehen. Aus diesem Grund werden die Gesprächsziele[37] und Absichten der Gesprächsteilnehmer offen dargelegt.

Kooperative Argumentation setzt voraus:

- Offenheit der Gesprächspartner,
- Anerkennung von Kompromissen,
- Eingehen auf den Gesprächspartner.

---

37 Vgl. Definition der Gesprächsziele, Kap. 2.

> **Merke:** Das Ziel der kooperativen Argumentation ist die Überzeugung des Gesprächspartners.

Grundsätzlich müssen die Argumente den Gesprächspartner ansprechen, wenn sie ihn überzeugen sollen.

> **Merke:** Zur Überzeugung des Gesprächspartners sind Argumente auszuwählen, die ihn ansprechen und mit denen er sich identifizieren kann.

Um erfolgreich kooperativ argumentieren zu können, sollten wir folgende vier Regeln beachten (vgl. Kap. 2):

1. Auf ein positives Gesprächsklima achten,
2. Argumente auswählen, mit denen sich der Gesprächspartner identifizieren kann,
3. Argumente in verständlicher Weise vorbringen,
4. visuelle Hilfsmittel zur besseren Anschaulichkeit einsetzen.

3.3.1.2 Kooperative Argumentationsmethoden[38]

Das Ziel der kooperativen Argumentation ist die *Überzeugung* des Gesprächspartners. Um dieses Argumentationsziel zu erreichen, gibt es verschiedene kooperative Argumentationsmethoden:

1. Argumentation nach dem Prinzip der Steigerung,
2. bedürfnisorientierte Argumentation,
3. Unterstützungs-Methode,
4. Methoden der Einwandargumentation.

Diese kooperativen Argumentationsmethoden haben Auswirkungen auf die *Sachebene* und die *Beziehungsebene* eines Gesprächs.

Auswirkungen auf der Sachebene: Durch die Kooperation der Gesprächsteilnehmer wird das Gesprächsziel schnell und leicht erreicht.

Auswirkungen auf der Beziehungsebene:

- Da die Gesprächsteilnehmer ihre Gesprächsziele offen darlegen, entsteht eine offene, vertrauensvolle Gesprächsatmosphäre.

38 Vgl. *Dommann:* Faire und unfaire Verhandlungstaktiken und wie man sich gegen unfaire Taktiken schützen kann, 1987.

– Trotz evtl. unterschiedlicher Gesprächsziele herrscht gegenseitige Anerkennung und Akzeptanz.

Nachfolgend werden die einzelnen kooperativen Argumentationsmethoden aufgezeigt.

Zu 1. Argumentation nach dem Prinzip der Steigerung

Bei dieser Argumentationsmethode werden die einzelnen Argumente nach ihrer Wichtigkeit geordnet und aufeinander aufgebaut. Hierbei ist es wichtig, zuerst die schwachen Argumente zu nennen und die starken Argumente an den Schluß zu stellen. Werden zuerst die starken Argumente vorgebracht, fällt es schwer, den Gesprächspartner zu überzeugen[39].

Beispiel:

„Dieses Auto hat eine schöne Farbe, eine besondere Polsterung, Sportlenkrad, einen großen Kofferraum und ABS."

Das Prinzip der Steigerung bewirkt:

- Die Wirkung der einzelnen Argumente wird verstärkt.
- Der Gesprächspartner bringt zu Beginn seine Gegenargumente vor und kann die starken Argumente nicht mehr entkräften.

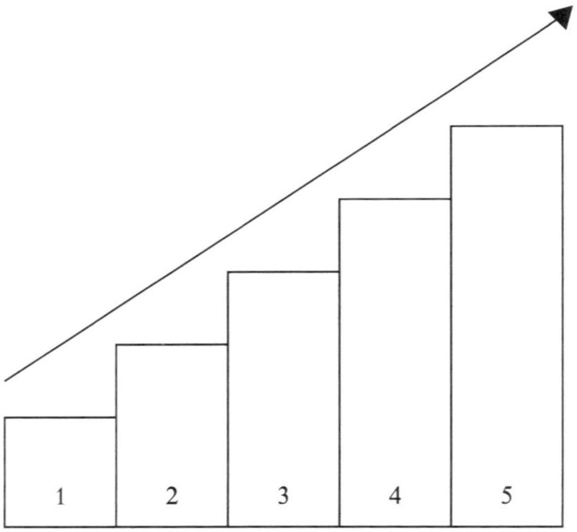

Abb. 13: Argumentation nach dem Prinzip der Steigerung

39 Vgl. Argumentationsfigur „Kette" in diesem Kapitel.

Zu 2. Bedürfnisorientierte Argumentation

Um den Gesprächspartner überzeugen zu können, ist es erforderlich, seine *Bedürfnisse* bei der Argumentation anzusprechen. Werden die Bedürfnisse nicht berücksichtigt, ist es schwer, den Gesprächspartner zu überzeugen[40].

Beispiel:

Ein Gesprächsteilnehmer besitzt ein starkes Bedürfnis nach sozialer Anerkennung. Er soll von der Notwendigkeit einer Neuanschaffung überzeugt werden. Der Gesprächspartner argumentiert: „Alle anderen besitzen auch diese Neuerung."

Der Gesprächsteilnehmer läßt sich durch dieses Argument nicht überzeugen, da er das Bedürfnis hat, sich von seiner Umgebung abzuheben. Um seine Zustimmung zu erreichen, könnte folgendermaßen argumentiert werden:

Beispiel:

„Für Sie kommt doch nur in Betracht ..."
„Das unterstreicht doch Ihre persönliche ..."
„Das besitzen nur wenige!"

Zu 3. Unterstützungsmethode

Bei dieser Argumentationsmethode wird der Gesprächsteilnehmer durch gezielte Fragen zur konstruktiven Mitarbeit bei einem Gespräch angeregt. Um eine Einigung zu erreichen, bittet man den Gesprächspartner direkt um

- seine Meinung,
- Lösungsvorschläge,
- Gesprächsabsichten.

Die Fragen werden als *Informationsfragen*[41] gestellt (wann, wo, welche, wie), um zu verhindern, daß der Gesprächspartner nur mit „Ja" oder „Nein" antwortet und sich ein erfolgreicher Gesprächsabschluß hinauszögert. Durch das direkte Ansprechen fühlt sich der Gesprächspartner als Person angenommen und ist bereit, eine gemeinsame Gesprächslösung zu erzielen.

Beispiel:

„Wie ist Ihre Meinung zu diesem Problem?"
„Welche Lösung schlagen Sie vor?"

40 Vgl. Bedürfnisberücksichtigung im Gespräch, Kap. 2.
41 Vgl. Informationsfrage, Kap. 4.

Zu 4. Methoden der Einwandargumentation

Die Argumentation eines Gesprächsteilnehmers wird oftmals durch *Einwände* der Gesprächspartner unterbrochen. Diese Einwände zeigen häufig die Gründe auf, weshalb der Gesprächspartner noch nicht überzeugt werden konnte und sind somit wichtige Ansatzpunkte für die weitere Argumentation. Bei der Behandlung der Einwände ist darauf zu achten, daß das Selbstwertgefühl des Gesprächspartners nicht bedroht wird, weil er dadurch zu *Abwehrreaktionen* gezwungen wird und eine Erreichung des Gesprächsziels schwerer möglich ist.

Für eine erfolgreiche Behandlung von Einwänden gibt es verschiedene Methoden. Dazu gehören:

a) Plus-Minus-Methode,
b) Ja-aber-Methode,
c) Umkehr-Methode,
d) Einwand vorwegnehmen,
e) Einwand zurückstellen.

Zu a) Plus-Minus-Methode

Bei dieser Methode werden die Nachteile, die ein Gesprächsteilnehmer als Einwände nennt, mit Vorteilen verglichen. Die Nachteile werden dadurch abgeschwächt.

Beispiel:

„Ja diese Fehler haben wir einkalkuliert, aber beachten Sie die folgenden Vorteile."

Zu b) Ja-aber-Methode

Bringt ein Gesprächspartner Einwände, denen nicht ohne weiteres zugestimmt werden kann, wäre es falsch, sofort mit Nein zu antworten. Der Gesprächspartner könnte das Nein als Ablehnung seiner Person empfinden und mit *Abwehr* reagieren. Deshalb wird dem Einwand zuerst zugestimmt und dann erst die Gegenargumente geäußert.

Beispiel:

„Gewiß, allerdings . . ."
„Ich gebe gerne zu . . ., doch . . ."

Zu c) Umkehrmethode

Der Einwand des Gesprächspartners wird zum eigenen Vorteil umgewandelt.

Beispiel:

A: „Ich habe keine Zeit!"

B: „Ich weiß, wie wenig Zeit Sie haben. Gerade deshalb wird es Sie interessieren, wie Sie mit diesem Angebot Zeit sparen können."

Zu d) Einwand vorwegnehmen

Mögliche Einwände, die der Gesprächspartner vorbringen könnte, werden von dem Sprecher selbst genannt. Dadurch behält man beim Gespräch die Initiative und kann die Einwände widerlegen, bevor sie der Gesprächspartner äußert.

Beispiel:

- „Sie könnten nun denken ..."
- „Sie werden sich bestimmt fragen ..."
- „Nun könnten Sie entgegenhalten ..., aber ..."

Zu e) Einwand zurückstellen

Diese Methode wird verwendet, wenn der Gesprächspartner Einwände bringt, die erst zu einem späteren Termin behandelt werden sollen. Hierbei ist es wichtig, dem Gesprächspartner zu erklären, weshalb der Einwand zurückgestellt werden soll.

Beispiel:

„Auf diesen Einwand würde ich gerne später eingehen, da ich später sowieso diese Problematik behandle."

Als weitere Argumentationstechnik wird nun die *strategische Argumentation* vorgestellt.

3.3.2 Stragetische Argumentation

3.3.2.1 Darstellung der strategischen Argumentation

Im Gegensatz zur *kooperativen Argumentation*, bei der das Argumentationsziel darin besteht, den Gesprächspartner zu überzeugen, wird er bei der strategischen Argumentation überredet. Die Argumentation dient dazu, das eigene Gesprächsziel durchzusetzen, ohne die Zielvorstellung des Gesprächspartners zu berücksichtigen. Die Gesprächsteilnehmer versuchen deshalb, so wenig wie möglich auf Kompromisse einzugehen.

Die strategische Argumentation wird von den Gesprächsteilnehmern oftmals aus Unsicherheit angewendet oder wenn sie keine oder nur wenige Argumente haben. Durch die strategische Argumentation soll der Gesprächspartner verunsichert oder zu unüberlegten Äußerungen oder Handlungen provoziert werden, um dessen Argumentation zu stören, damit das eigene Gesprächsziel durchgesetzt werden kann.

Merke: Das Ziel der strategischen Argumentation ist die Überzeugung des Gesprächspartners.

Es gibt zwei verschiedene Arten der strategischen Argumentation[42]:

1. die offensive strategische Argumentation,
2. die defensive strategische Argumentation.

Zu 1. Offensive strategische Argumentation

Bei der offensiven strategischen Argumentation bauen sich die Gesprächsteilnehmer eine eigene Argumentationsweise auf. Es werden verschiedene Argumentationsmethoden gewählt, um das eigene Gesprächsziel zu erreichen.

Zu 2. Defensive strategische Argumentation

Bei der defensiven strategischen Argumentation werden keine eigenen Argumente aufgebaut, sondern die Gesprächsteilnehmer versuchen durch den Aufbau einer Gegenargumentation die Argumente des Gesprächspartners zu entkräften, um dadurch das eigene Gesprächsziel durchzusetzen.

Ansatzpunkte für die Gegenargumentation bilden die folgenden drei Fragen:

- Stimmen die Behauptungen des Gesprächspartners?
- Gibt es Widersprüche?
- Sind seine Folgerungen richtig?

Ob offensiv oder defensiv argumentiert wird, ist abhängig vom Gesprächspartner und von der jeweiligen Gesprächssituation.

3.3.2.2 Strategische Argumentationsmethoden

Strategische Argumentationsmethoden dienen dazu, den Gesprächspartner zu *überreden*. Durch sie soll der Gesprächspartner verunsichert und einge-

42 Vgl. *H. Lemmermann:* Lehrbuch der Rhetorik 1962, S. 204.

schüchtert werden, um das eigene Gesprächsziel zu erreichen. Die strategischen Argumentationsmethoden wirken sich auf die *Sachebene* und die *Beziehungsebene* eines Gesprächs aus.

Auswirkungen auf der Sachebene:

- Die Sachebene tritt in den Hintergrund,
- die Erreichung des Gesprächsziels wird behindert.

Auswirkungen auf der Beziehungsebene:

- Das Selbstwertgefühl des Gesprächspartners wird bedroht,
- er zeigt *Abwehrreaktionen*,
- es entsteht ein negatives Gesprächsklima,
- die Beziehung der Gesprächsteilnehmer wird beeinträchtigt.

Zu den strategischen Argumentationsmethoden gehören:

1. Definitions-Methode,
2. Fremdwort-Methode,
3. Unterbrechungs-Methode,
4. Vorwurfs-Methode,
5. Persönliche-Angriffs-Methode,
6. Killer-Phrasen-Methode
7. Scheinargument-Methode,
8. Ausweich-Methode.

Zu 1. Definitions-Methode[43]

Bei dieser Methode wird der Gesprächspartner aufgefordert, bestimmte Begriffe, die er bei seiner Argumentation verwendet hat, genau zu definieren.

Da es schwerfällt, besonders bei schwierigen Gesprächen, genaue Definitionen abzugeben, kann ein Gesprächsteilnehmer diese Schwierigkeiten dazu benutzen, die Argumente des Gegenübers unglaubwürdig darzustellen, um seine eigenen Ziele durchzusetzen.

Beispiel:

A: „Sie sprechen immer von sozialer Gerechtigkeit. Können Sie das mal näher definieren?"

B: „Soziale Gerechtigkeit bedeutet, jeder erhält die gleichen Chancen – ich meine . . ."

A: „Wenn Sie nicht einmal selbst wissen, was Sie reden, wie wollen Sie uns da überzeugen?"

43 Vgl. *D. Dommann:* Faire und unfaire Verhandlungstaktiken und wie man sich gegen unfaire Taktiken schützen kann, 1987, S. 111.

Mögliches Abwehrverhalten:

„Ich möchte mich jetzt nicht mit Definitionen aufhalten, sondern den Sachverhalt darlegen".

Zu 2. Fremdwort-Methode

Bei der Fremdwort-Methode benutzt der Sprecher ungebräuchliche und viele Fremdwörter, um den Gesprächspartner einzuschüchtern.

Mögliches Abwehrverhalten:

„Können Sie das bitte noch einmal verständlich ausdrücken?"

Zu 3. Unterbrechungs-Methode

Die Argumentation eines Gesprächsteilnehmers wird durch ständige Unterbrechungen gestört.

Beispiel:

„Sie wiederholen sich."
„Wo haben Sie das denn aufgeschnappt?"

Mögliches Abwehrverhalten:

„Würden Sie bitte aufhören, mich ständig zu unterbrechen und mich endlich ausreden lassen."

Zu 4. Vorwurfs-Methode

Bei dieser Methode wird versucht, den Gesprächspartner dadurch zu verunsichern, daß er mit Vorwürfen überhäuft wird. Die Vorwürfe werden meistens in Form von *Warum-Fragen*[44] vorgebracht. Durch die Vorwürfe soll der Gesprächspartner verunsichert werden, um das eigene Gesprächsziel zu verwirklichen.

Beispiel:

„Warum haben Sie ...?"
„Warum wollen Sie ...?"

Mögliches Abwehrverhalten:

„Weshalb stellen Sie mir diese Fragen?"

---

44 Vgl. Informationsfragen, Kap. 4.

Zu 5. Persönliche-Angriffs-Methode

Die Argumentation eines Gesprächsteilnehmers bezieht sich bei dieser Methode nicht auf einen bestimmten Sachverhalt, sondern dient dazu, den Gesprächspartner persönlich anzugreifen.

Der persönliche Angriff soll ihn verunsichern oder ihn zu unüberlegten Handlungen und Äußerungen provozieren.

Beispiel:
„Wenn jemand schon so angezogen ist wie Sie, dann kann man ja nicht viel erwarten!"

Mögliches Abwehrverhalten:
„Glauben Sie, daß Ihre Meinung bezüglich meiner Kleidung zur Klärung der Sachlage etwas beiträgt?"

Zu 6. Killer-Phrasen-Methode

Um die Argumentation eines Gesprächsteilnehmers zu blockieren, werden bei einem Gespräch Ideenkiller, sog. *Killer-Phrasen*, eingesetzt. Durch sie sollen Ideen, Lösungsvorschläge, Argumente eines Teilnehmers abgewehrt werden, damit die eigenen Argumente durchgesetzt werden können.

Beispiel:
„Das hört sich ja gut an, aber die Praxis sieht anders aus."
„Das kann ein Laie nicht beurteilen."
„So einfach kann man das nicht sehen, das Problem ist viel komplexer."

Mögliches Abwehrverhalten:
„Was spricht eigentlich dagegen?
„Worin sehen Sie die Probleme?"

Zu 7. Scheinargument-Methode

Bei der Scheinargument-Methode wird beispielsweise ein Scheinzusammenhang zwischen einem bestimmten Sachverhalt und bestimmten Begriffen hergestellt, die einen allgemein anerkannt hohen Stellenwert besitzen (z. B. „Tradition", „Fortschritt", „Erfahrung").

Diese Scheinargumente werden von den Gesprächsteilnehmern eingesetzt, wenn sie keine echten Argumente besitzen[45].

---

45 Vgl. Scheinargument, Kap. 5.

Beispiel:
„Mit meiner langjährigen Erfahrung kann ich sagen . . ."

Mögliches Abwehrverhalten:
„Ist in diesem Zusammenhang die Erfahrung von Bedeutung?"

Zu 8. Ausweich-Methode[46]

Diese Methode wird angewendet, wenn den Argumenten oder Fragen eines Gesprächsteilnehmers ausgewichen werden soll, weil beispielsweise Gegenargumente fehlen oder der Gesprächsteilnehmer seine Argumente nicht als Gegenargumente einsetzen möchte, sondern sie nach seiner eigenen Argumentationsmethode vorbringen will.

Zur Ausweich-Methode zählen beispielsweise folgende vier Verhaltensweisen:

1. Kompetenz aufbauen

Beispiel:
„Schließlich bin ich dafür zuständig."
„Ich habe das ja studiert."

Mögliches Abwehrverhalten:
„Sprechen Sie doch bitte zur Sache, nicht über Kompetenz, das bringt uns doch nicht weiter."

2. Kompetenz weitergeben

Beispiel:
„Da müssen Sie schon . . . fragen."
„Ich bin nicht befugt, Ihnen darüber Auskunft zu geben."

3. Argumente übergehen

Beispiel:
Ein Gesprächsteilnehmer geht nicht auf das Gesagte ein, sondern „überhört" es einfach.

Mögliches Abwehrverhalten:
„Wie ist denn Ihre Meinung?"

---

46 Vgl. *P. L. Völzing:* Begründen, Erklären, Argumentieren 1979, S. 183.

4. Thema wechseln

Beispiel:

Ein Gesprächsteilnehmer will von den Argumenten des Gesprächspartners ablenken. Er geht z. B. detailliert auf das Gesagte ein und versucht, dadurch zu einem anderen Thema überzuleiten.

Mögliches Abwehrverhalten:

„Wir können gerne ein anderes Mal darüber reden. Doch lassen Sie uns jetzt beim Thema bleiben."

Nachdem wir nun acht strategische Argumentationsmethoden kennengelernt haben, drängt sich die Frage auf, *ob* und *wie* man sich gegen diese Art der Argumentation schützen kann.

Erkennen wir, daß die Gesprächsteilnehmer uns gegenüber strategische Argumentationsmethoden anwenden, sollten wir folgende vier Regeln beachten:

Vier Regeln zur erfolgreichen Abwehr strategischer Argumentationsmethoden:

1. Wir lassen uns nicht provozieren.
2. Wir bewahren Ruhe und Gelassenheit.
3. Wir antworten kurz und präzise.
4. Wir versuchen, das Gespräch auf die *Sachebene* zurückzuführen.

Zusammenfassung:

Es gibt zwei verschiedene Argumentationsarten:

1. kooperative Argumentation,
2. strategische Argumentation.

Ziel der *kooperativen Argumentation* ist die *Überzeugung* des Gesprächspartners.

Ziel der *strategischen Argumentation* ist die *Überredung* des Gesprächspartners.

Für jede Argumentationstechnik gibt es verschiedene *Argumentationsmethoden.*

Kooperative Argumentationsmethoden:

1. Argumentation nach dem Prinzip der Steigerung,
2. bedürfnisorientierte Argumentation,
3. Unterstützungs-Methode,
4. Methoden der Einwandargumentation.

Strategische Argumentationsmethoden:

1. Definitions-Methode,
2. Fremdwort-Methode,
3. Unterbrechungs-Methode,
4. Vorwurfs-Methode,
5. Persönliche-Angriffs-Methode,
6. Killer-Phrasen-Methode,
7. Scheinargument-Methode,
8. Ausweich-Methode.

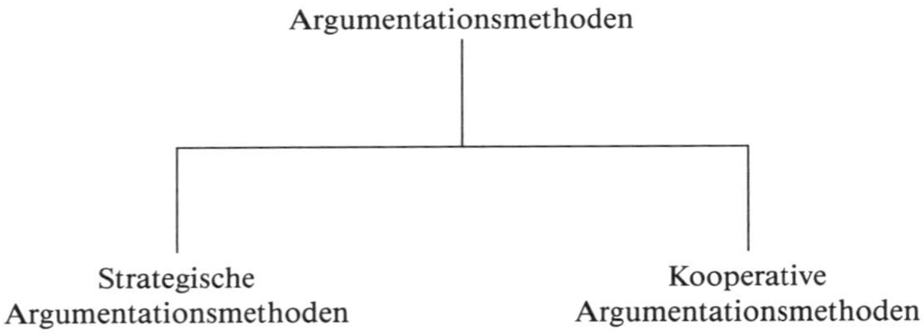

Abb. 14: Argumentationsmethoden

4. Dritter gesprächspsychologischer Grundsatz: Richtige Fragetechnik

In diesem Kapitel wird dem Leser dargestellt, welche Auswirkungen die Fragetechnik der Gesprächsteilnehmer auf den gesamten Gesprächsverlauf hat. Zu Beginn des Kapitels wird die Bedeutung der Fragetechnik aufgezeigt. Ebenso werden Grundregeln vorgestellt, die die Basis einer richtigen Fragetechnik bilden. Des weiteren lernt der Leser verschiedene Fragetypen kennen, die sich unterschiedlich auf den Gesprächsverlauf auswirken.

4.1 Erläuterungen zur Fragetechnik

Die Fragetechnik gehört zu den wichtigsten Gesprächstechniken. Gerade bei Sachgesprächen spielt sie eine große Rolle:

Wird beispielsweise über ein bestimmtes Sachthema verhandelt, ist es notwendig, Informationen auszutauschen, und es ist wichtig, die Meinungen und Standpunkte der einzelnen Gesprächsteilnehmer zu erfahren, wenn eine Einigung erzielt werden soll. Um die erforderlichen Informationen zu erhalten, müssen *Fragen* gestellt werden.

Durch *Fragen* erhält man wichtige Informationen. Sie ermöglichen einen Einblick in Kenntnisse, Standpunkte, Meinungen, Motive der Gesprächsteilnehmer.

Die Gesprächsteilnehmer bekommen durch Fragen wichtige Anhaltspunkte für den weiteren Gesprächsablauf. Die Fragen tragen somit dazu bei, das Gesprächsziel zu verwirklichen.

Ein Gesprächsteilnehmer, der Fragen stellt, *führt* das Gespräch. Er bekommt oder behält die Initiative und kann das Gespräch in die von ihm gewünschte Richtung lenken.

Merke: Wer richtig fragt, der führt.

Fragen

- geben neue Impulse, bringen Prozesse in Gang,
- begrenzen oder erweitern eine Thematik,
- lenken das Gespräch in eine bestimmte Richtung,
- klären, verdeutlichen *oder*
- verwirren,

- können den Gesprächspartner aktivieren, motivieren *oder*
- provozieren, verletzen,
- signalisieren Interesse, befriedigen das Geltungsbedürfnis[47],
- beeinflussen das Gesprächsklima.

Um zu vermeiden, daß der Gesprächsverlauf durch eine falsche Fragetechnik beeinträchtigt wird, sind folgende Grundregeln zu beachten:

Fünf Grundregeln für eine richtige Fragetechnik

1. Besonders bei wichtigen Gesprächen die zu stellenden Fragen vor dem Gespräch, bei der *Gesprächsvorbereitung,* planen. Z. B.: Was will ich fragen? Was wird der Gesprächspartner fragen?
2. Immer nur eine Frage auf einmal stellen.
3. Nur eindeutige und konkrete Formulierungen verwenden.
4. Verständlich fragen.
5. Dem Gesprächspartner genau zuhören[48].

4.2 Fragearten

4.2.1 Klassifizierung der Fragen

Es gibt eine Menge unterschiedlicher Möglichkeiten, eine Frage zu stellen. Grundsätzlich lassen sich die verschiedenen Fragen in vier Gruppen teilen:

- offene Fragen,
- geschlossene Fragen,
- direkte Fragen,
- indirekte Fragen.

4.2.1.1 Offene Fragen

Diese Fragen sind so formuliert, daß der Gesprächspartner seine Antworten frei gestalten kann. Es wird lediglich die Richtung vorgegeben, in der geantwortet werden soll.

Beispiel:
„Aus welchen Gründen...?"
„Warum fahren Sie so früh in Urlaub?"

---

47 Vgl. Bedürfnisberücksichtigung im Gespräch, Kap. 2.
48 Vgl. Richtiges Zuhören, Kap. 5.

Offene Fragen beginnen meist mit einem Fragewort und werden häufig mit sog. W-Fragewörtern eingeleitet (Was, Wann, Warum, Wie usw.) und werden deshalb auch als *W-Fragen* bezeichnet[49].

Ausnahme: „Wer“ leitet in der Regel geschlossene Fragen ein.

Offene Fragen werden beispielsweise dann eingesetzt, wenn:

- neue Informationen eingeholt werden sollen,
- schwierige Probleme diskutiert werden,
- die Meinung des Gesprächspartners erfragt werden soll.

Offene Fragen wirken sich auf die *Sachebene* und die *Beziehungsebene* eines Gesprächs folgendermaßen aus:

Auswirkungen auf der Sachebene:

- Sie bringen viele Informationen,
- es besteht jedoch die Gefahr, daß vom Gesprächsthema abgelenkt wird.

Auswirkungen auf der Beziehungsebene:

- Offene Fragen signalisieren dem Gesprächspartner Interesse,
- sein *Geltungsbedürfnis* wird befriedigt,
- ein positives Gesprächsklima wird gefördert.

4.2.1.2 Geschlossene Fragen

Bei diesen Fragen kann ein Gesprächsteilnehmer nicht frei antworten, sondern die Fragen grenzen die Antwortmöglichkeit der Gesprächsteilnehmer ein. Geschlossene Fragen sind beispielsweise so formuliert, daß sie nur mit „Ja“ oder „Nein“ beantwortet werden können, z. B.: „Sind Sie volljährig?“

Geschlossene Fragen werden beispielsweise verwendet, wenn

- nach konkreten, spezifischen Fakten gefragt wird,
- nur kurze Informationen eingeholt werden sollen,
- nur kurze Antworten erforderlich sind,
- bei wortkargen Gesprächsteilnehmern,
- Informationen durch Fragebögen eingeholt werden.

Geschlossene Fragen haben Auswirkungen auf die *Sachebene* und die *Beziehungsebene* eines Gesprächs.

---

49 Vgl. Informationsfragen in diesem Kapitel.

Auswirkungen auf der Sachebene:

- Sie bringen relativ wenig Informationen,
- die Antwortmöglichkeit wird eingeschränkt,
- das Gespräch wird leicht in eine bestimmte Richtung gelenkt,
- es besteht die Gefahr der Manipulation.

Auswirkungen auf der Beziehungsebene:

- Der Gesprächspartner fühlt sich benachteiligt,
- er kommt sich bevormundet vor,
- der Sprecher wird abgelehnt, es entsteht eine negative Gesprächsatmosphäre.

4.2.1.3 Direkte Fragen

Bei direkten Fragen wird direkt das abgefragt, was die Gesprächsteilnehmer wissen möchten, z.B.: „Wie spät ist es?“

Direkte Fragen werden beispielsweise angewendet

- um Informationen zu erhalten,
- Probleme zu verdeutlichen und zu lösen,
- Ergebnisse zu kontrollieren,
- Mißverständnisse aufzuklären.

Direkte Fragen haben folgende Auswirkungen auf den Gesprächsverlauf:

Auswirkungen auf der Sachebene:

Sie liefern viele Informationen.

Auswirkungen auf der Beziehungsebene:

- Zu viele direkte Fragen empfindet der Gesprächspartner als aufdringlich und neugierig[50],
- er zeigt *Trotz- und Abwehrreaktionen.*

4.2.1.4 Indirekte Fragen[51]

Bei diesen Fragen stimmen die Frageabsicht und der Inhalt der Frage nicht überein. Werden indirekte Fragen gestellt, kann der Gesprächspartner nicht anhand der Frageformulierung erkennen, was erfragt werden soll.

---

50 Vgl. Kettenfrage in diesem Kapitel.

51 Vgl. *O. Neuberger:* Das Mitarbeitergespräch, 1980, S. 131.

Hierzu vier Beispiele:

„Wie geht's?" – Indirekte Fragen dieser Art dienen der Kontaktaufnahme.
„Na, hat das nicht prima geklappt?" – Durch solche indirekten Fragen soll der Gesprächspartner motiviert werden.
„Haben Sie morgen schon etwas vor?" – Mit dieser Frage soll indirekt eine Verabredung getroffen werden.
„Sagten Sie vorhin nicht...?"[52] – Diese Frage soll Widersprüche aufdecken.

Die Anwendung indirekter Fragen ist problematisch. Es besteht beispielsweise die Gefahr, daß der Gesprächspartner eine andere Absicht hinter der Frage vermutet, als sein Gegenüber damit verfolgt hatte, und er seine Antwort dementsprechend manipuliert. Da man nicht genau weiß, wie der Gesprächspartner die indirekte Frage aufgefaßt hat, fällt es schwer, die Antwort richtig zu interpretieren. Indirekte Fragen haben Auswirkungen auf die *Sachebene* und die *Beziehungsebene* eines Gesprächs.

Auswirkungen auf der Sachebene:

- Es entstehen leicht Mißverständnisse,
- die Antworten der Gesprächsteilnehmer sind schwer interpretierbar,
- es besteht die Gefahr, daß der Gesprächspartner die Fragen bewußt falsch beantwortet.

Auswirkungen auf der Beziehungsebene:

- Wenn der Gesprächspartner eine Frage als indirekte Frage empfindet, kommt er sich irregeführt vor,
- er zeigt *Trotz- und Abwehrreaktionen* (z. B. Aggressivität),
- die Beziehung zwischen den Gesprächsteilnehmern wird beeinträchtigt,
- es entsteht ein negatives Gesprächsklima.

Ob eine Frage als eine *direkte* oder *indirekte Frage* angesehen werden kann, ist nicht einfach festzustellen, da man bei einer Frage nicht weiß, ob eine andere Absicht verfolgt wird, als die Frageformulierung vorgibt. Wie eine Frage aufgefaßt wird, zeigt sich nur an der Reaktion der Gesprächsteilnehmer (z. B. Trotz- und Abwehrreaktion).

4.2.2 Verschiedene Fragetypen

Die vielen verschiedenen Fragen lassen sich bestimmten Fragetypen zuordnen. Nachfolgend werden die wichtigsten 10 Fragetypen vorgestellt. Dies sind im einzelnen:

52 Vgl. Inquisitorisch-personenorientierte Frage in diesem Kapitel.

- Informationsfrage,
- Suggestivfrage,
- meinungsfixierende Frage,
- Schachtelfrage,
- Scheinfrage,
- Alternativfrage,
- Motivationsfrage,
- Kettenfrage,
- Gegenfrage,
- inquisitorisch-personenorientierte Frage.

Diese Fragetypen werden nachfolgend näher erläutert.

4.2.2.1 Informationsfragen

Bei Informationsfragen geht es darum, Informationen einzuholen. Zu den Informationsfragen gehören alle sog. *W-Fragen* und alle Fragen, die auf eine bestimmte Information ausgerichtet sind[53].

> **Beispiel:**
> „Wo liegt das Problem?“
> „Wie spät ist es?“

Eine Informationsfrage kann eine *offene* oder eine *geschlossene* Frage sein.

Bei diesem Fragetyp ist zu beachten, daß durch sog. *„Warum-Fragen“* der Gesprächsverlauf beeinträchtigt werden kann. Der Gesprächspartner wird durch die „Warum-Fragen“ in eine Verteidigungs- und Rechtfertigungsposition gedrängt. Dies gilt besonders, wenn „Warum-Fragen“ aneinandergereiht werden[54].

Vorteil: Liefert direkt und schnell die gewünschten Informationen.

Nachteil:

- Es wird leicht vom Gesprächsthema abgelenkt,
- „Warum-Fragen“ können den Gesprächsverlauf beeinträchtigen.

4.2.2.2 Alternativfrage

Die Alternativfrage ist eine geschlossene Frage. Sie ist so formuliert, daß der Gesprächspartner nur die Möglichkeit hat, seine Antwort aus vorgegebenen Alternativen auszuwählen.

---

53 Vgl. Offene Fragen in diesem Kapitel.
54 Vgl. Kettenfrage in diesem Kapitel.

Beispiel:

„Paßt es Ihnen heute um 14.00 Uhr, oder wäre Ihnen morgen um 10.00 Uhr lieber?"

Vorteil: Konzentration auf das Wesentliche.

Nachteil: Gefahr der Manipulation.

4.2.2.3 Suggestivfrage

Die Suggestivfrage ist eine geschlossene Frage. Durch diese Frage soll der Gesprächspartner manipuliert und in eine bestimmte Richtung gedrängt werden. Mit der Suggestivfrage werden keine Informationen erfragt, sie dient nur der Beeinflussung der Gesprächsteilnehmer.

Suggestivfragen beinhalten häufig Füllwörter wie:

- sicherlich,
- etwa,
- bestimmt usw.

Beispiel:

„Sicherlich, stimmen Sie mir zu, daß. . ."
„Sie haben bestimmt auch den Eindruck. . ."
„Sind sie etwa gegen/für. . .?"

Vorteil: Eine Entscheidung wird schnell und leicht erreicht.

Nachteil:

- Der Gesprächspartner wird manipuliert.
- Durchschaut der Gesprächspartner die Manipulation, zeigt er *Trotz- und Abwehrreaktionen.*
- Die Beziehungsebene wird beeinträchtigt.

4.2.2.4 Inquisitorisch-personenorientierte Frage

Diese Frage ist eine indirekte Frage. Ihr Ziel besteht darin, Widersprüche der Gesprächsteilnehmer aufzudecken. Mit diesem Fragentyp werden keine Informationen erfragt, sondern es soll die Glaubwürdigkeit des Gesprächspartners angezweifelt werden.

Beispiel:
„Haben Sie das letzte Mal nicht gesagt, daß...?"

Vorteil: Widersprüchliche Behauptungen werden aufgedeckt.

Nachteil:
- Sie bringen keine neuen Informationen,
- der Gesprächspartner empfindet die Frage als persönlichen Angriff,
- er zeigt *Abwehrreaktionen* (z.B. Aggressivität),
- die Beziehungsebene wird beeinträchtigt.

4.2.2.5 Meinungsfixierende Frage

Die meinungsfixierende Frage ist eine geschlossene Frage. Ziel dieser Frage ist es, den Gesprächspartner auf eine bestimmte Meinung festzulegen. Die Frage ist so formuliert, daß sich der Gesprächspartner durch seine Antwort zu einer bestimmten Pro-/Kontra-Stellungnahme bekennt.

Beispiel:
„Sind sie dafür oder dagegen?"
„Sind Sie für ... oder aber dafür, daß...?"

Da sich der Gesprächspartner eindeutig auf eine bestimmte Meinung festlegt, muß er bei einer Meinungsänderung damit rechnen, an Ansehen bei den anderen Gesprächsteilnehmern zu verlieren.

Vorteil: Entscheidungen werden schnell getroffen.

Nachteil:
- Der Gesprächspartner wird auf eine bestimmte Meinung fixiert,
- ein Meinungswechsel ist mit Prestigeverlust verbunden.

4.2.2.6 Kettenfrage

Bei diesem Fragetyp werden verschiedene Fragen nacheinander gestellt. Das Aneinanderreihen verschiedener Fragen bewirkt, daß sich der Gesprächspartner überfordert fühlt und nur die letzte Frage beantwortet. Durch Kettenfragen entsteht leicht eine „Verhör-Situation".

Beispiel:

„Wann wurde. . .?"
„Wie kam es dazu, daß. . .?"

Nachteil:

- Der Gesprächspartner fühlt sich bedroht, überfordert,
- er empfindet die Fragen als Streßsituation und reagiert mit *Abwehrmechanismen,*
- das Gesprächsklima und die Beziehungsebene wird beeinträchtigt,
- diese Frage liefert wenig Informationen.

4.2.2.7 Schachtelfrage

Dieser Fragetyp ist mit so vielen Nebensätzen verschachtelt, daß der Gesprächspartner nicht mehr erkennen kann, was er eigentlich gefragt wurde.

Nachteil:

- Sie bringt nicht die gewünschten Informationen,
- wegen der unverständlichen Fragestellung fühlt sich der Gesprächspartner nicht genötigt, die Frage zu beantworten,
- der Fragesteller wird abgelehnt.

4.2.2.8 Gegenfrage

Eine Gegenfrage wird von den Gesprächsteilnehmern eingesetzt,

- um einer Frage auszuweichen,
- Zeit zum Nachdenken zu gewinnen,
- um Einwände des Gesprächspartners zu behandeln,
- um konkrete Informationen zu erhalten,
- um neue Aspekte aufzuzeigen.

Hierzu einige Beispiele:

„Wie meinen Sie das?"
„Wie bitte?"
„Können Sie das bitte nochmal sagen?"
„Haben Sie auch . . . berücksichtigt?"
„Was verstehen Sie unter?"

Vorteil:

- Konkretisierung des Sachverhalts,
- zusätzliche Informationen.

Nachteil:

- Gefahr der Manipulation,
- die Gegenfrage kann als fehlende Sachkompetenz angesehen werden.

4.2.2.9 Scheinfrage

Scheinfragen sind keine richtigen Fragen. Sie haben zwar die Form einer Frage, erfüllen jedoch nicht die Aufgabe einer echten Frage. Es lassen sich zwei Arten unterscheiden:

1. Rhetorische Fragen.
2. „Lehrer-Fragen“.

Zu 1. Rhetorische Fragen

Eine rhetorische Frage kommt in zwei verschiedenen Formen vor:

a) als Frage, die *sich* selbst beantwortet,
b) als Frage, die der *Fragesteller* selbst beantwortet.

Zu a) Rhetorische Frage, die sich selbst beantwortet

Diese rhetorische Frage, ist eine in Frageform gefaßte Aussage, auf die man keine Antwort erwartet und auf die auch keine Antwort notwendig ist.

Beispiele:
„Wer weiß das besser als wir?“
„Wer kennt nicht das Gefühl...?“
„Wer kann heute diese Erkenntnis ablehnen?“

Durch solche rhetorischen Fragen soll eine (häufig nur zum Schein) gemeinsame sachliche und emotionale Grundlage geschaffen werden.

Zu b) Rhetorische Frage, die der Fragesteller selbst beantwortet

Fragen, die der Fragesteller anschließend selbst beantwortet, aktivieren die Gesprächsteilnehmer. Sie fördern und erhalten ihre Aufmerksamkeit und ihr Interesse.

Mit diesen Fragen

- soll die Aufmerksamkeit der Gesprächsteilnehmer auf eine bestimmte Aussage gelenkt werden,
- die eigene Aussage eingeleitet werden,
- Einwände der Gesprächsteilnehmer vorweggenommen werden.

Beispiel:

„Was spricht eigentlich gegen diesen Vorschlag? Genau genommen nichts anderes als. . ."
„Was schließen wir daraus? Erstens... Zweitens. . ."

Vorteil: Die Aufmerksamkeit und das Interesse des Gesprächspartners werden geweckt.

Zu 2. „Lehrer-Fragen"

Diese Scheinfrage wird auch „sokratische Frage" oder „mäeutische Frage" genannt. Bei diesem Fragetyp stellt ein Gesprächsteilnehmer eine Frage, obwohl ihm die Antwort bereits bekannt ist („Sind die Olympiateilnehmer Amateure?"). Ziel der Frage ist es,

- dem Gesprächspartner bestimmte Zusammenhänge zu verdeutlichen,
- ihn zu „eigenen" Erkenntnissen hinzuführen.

Dieser Frage kommt eine große psychologische Bedeutung zu. Der Gesprächspartner führt die hergeleiteten Zusammenhänge auf seine eigene Erkenntnis zurück. Sie werden von ihm als richtig akzeptiert und deshalb besser behalten.

Vorteil: Der Gesprächspartner wird motiviert, aktiviert.

Nachteil: Wenn der Gesprächsteilnehmer merkt, daß der Fragesteller die Antwort bereits kennt, reagiert er mit *Trotz-* und *Abwehrmechanismen.*

4.2.2.10 Motivationsfrage

Dieser Fragetyp dient nicht dazu, bestimmte Informationen einzuholen, sondern es werden damit die Gefühle des Gesprächspartners bewußt angesprochen. Das Ziel dieser Frage ist es, den Gesprächspartner zu motivieren.

Beispiel:

„Wie schaffen Sie das alles nur in so kurzer Zeit?"
„Was sagen Sie als Fachmann. . .?"

Vorteil: Der Gesprächspartner wird motiviert und aktiviert.

Zusammenfassung:

Es gibt viele unterschiedliche Fragemöglichkeiten.
Grundsätzlich lassen sich die Fragen einteilen in:

- offene Fragen,
- direkte Fragen,
- geschlossene Fragen
- indirekte Fragen.

Die Fragen lassen sich bestimmten Fragetypen zuordnen.

Dazu gehören:

- Informationsfrage
- Suggestivfrage
- meinungsfixierende Frage
- Schachtelfrage
- Scheinfrage
- Alternativfrage
- inquisitorisch-personen-orientierte Frage
- Kettenfrage
- Gegenfrage
- Motivationsfrage,

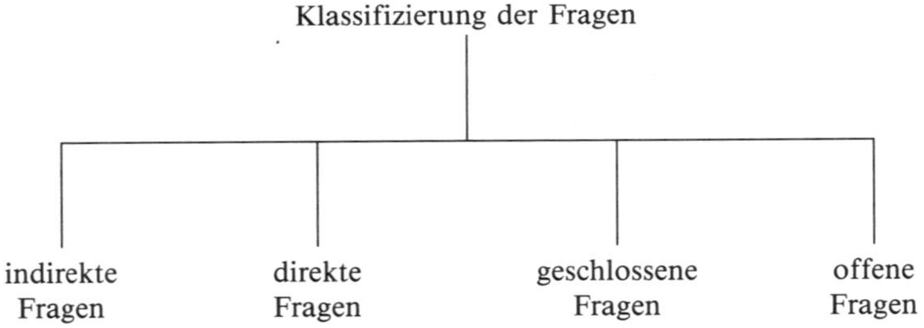

Abb. 15: Klassifizierung der Fragen

Abb. 16: Übersicht über verschiedene Fragetypen

5. Vierter gesprächspsychologischer Grundsatz: Richtiges Zuhören

In diesem Kapitel erhält der Leser eine Anleitung für das richtige Zuhörverhalten. Zunächst wird aufgezeigt, welche Rolle das Zuhörverhalten der Gesprächsteilnehmer bei einem Gespräch spielt. Ferner werden dem Leser Grundregeln vorgestellt, die als Voraussetzung eines richtigen Zuhörverhaltens gelten. Des weiteren werden die Komponenten des richtigen Zuhörverhaltens, das aktive Zuhören und das analytische Zuhören, erläutert.

5.1 Die Wichtigkeit des Zuhörverhaltens für den Gesprächsverlauf

Das Zuhören ist eine wichtige Voraussetzung für den Erfolg eines Gesprächs. Bei einem Gespräch kann nur dann ein erfolgreicher Gesprächsabschluß erreicht werden, wenn die Gesprächsteilnehmer richtig zuhören. Durch das Zuhören

- erhält man die bei einem Sachgespräch wichtigen Sachinformationen,
- lernt man die Ansichten, Meinungen, Wünsche, Absichten der Gesprächsteilnehmer kennen,
- erhält man wichtige Anhaltspunkte für die eigene Argumentation[55],
- kann man die Bedürfnisse des Gesprächspartners besser erkennen und dadurch leichter befriedigen[56],
- wird dem Gesprächspartner Wertschätzung entgegengebracht[57]: Indem wir dem Partner zuhören, zeigen wir ihm, wie wichtig er für uns ist und daß wir ihn als Person annehmen und achten. Sein Geltungsbedürfnis wird dadurch befriedigt. Es entwickelt sich eine positive Gesprächsatmosphäre.

Häufig läßt sich bei Gesprächen jedoch beobachten, daß ein Gesprächsteilnehmer nicht zuhört, wenn ein anderer Teilnehmer spricht. Gründe hierfür sind beispielsweise:

- Der Gesprächsteilnehmer ist müde, erschöpft,
- er wird durch Assoziationen abgelenkt[58],
- er hat kein Interesse an dem Gespräch,

55 Vgl. Richtige Argumentation, Kap. 3.
56 Vgl. Bedürfnisberücksichtigung im Gespräch, Kap. 2.
57 Vgl. Positive Grundeinstellung, Kap. 2.
58 Vgl. Richtige Argumentation Kap. 3.

- er meint, genau zu wissen, was sein Gegenüber sagen möchte, und hört deshalb nicht mehr zu,
- er legt sich gedanklich bereits seine eigene Aussage zurecht.

Wird bei einem Gespräch einem Teilnehmer nicht zugehört, wirkt sich dies auf die *Sachebene* und auf die *Beziehungsebene* aus.

Auswirkungen auf der Sachebene: Die notwendigen Sachinformationen werden überhaupt nicht oder nur teilweise aufgenommen. Es entstehen Mißverständnisse.

Auswirkungen auf der Beziehungsebene:

- Besitzt ein Gesprächsteilnehmer ein geringes Selbstbewußtsein, und es wird ihm bei einem Gespräch nicht zugehört, empfindet er dieses Verhalten als Ablehnung und Abwertung seiner Person. Sein Selbstwertgefühl wird bedroht. Um sein Selbstwertgefühl wieder herzustellen, reagiert er mit *Abwehrreaktionen.*
- Es entsteht ein negatives Gesprächsklima, die *Beziehungsebene* wird beeinträchtigt.

5.1.1 Woran erkennen wir, daß der Gesprächspartner nicht zuhört?

Ob der Gesprächspartner unkonzentriert oder überhaupt nicht zuhört, erkennen wir an Formulierungen wie beispielsweise:

- „Was sagten Sie gerade?"
- „Wie bitte?"

Aber auch *non-verbale* Verhaltensweisen sind Anzeichen dafür, daß der Gesprächspartner nicht zuhört[59].

So z. B.:

- auf die Uhr sehen,
- aus dem Fenster sehen,
- mit Gegenständen spielen,
- gedankenlos kritzeln.

59 Vgl. Richtiges non-verbales Verhalten, Kap. 6.

5.1.2 *Was können wir tun, um dem Gesprächspartner das Zuhören zu erleichtern?*

Dem Gesprächspartner wird das Zuhören erleichtert, wenn

- wir anschaulich und verständlich sprechen[60],
- das Gespräch zum *richtigen Zeitpunkt* stattfindet[61] (Formulierungen wie z. B.: „Muß das jetzt sein?" weisen darauf hin, daß der Zeitpunkt ungelegen ist),
- das Gespräch am *richtigen Ort* stattfindet[62] (das Zuhören fällt dem Gesprächspartner leichter, wenn das Gespräch in einer störungsfreien Umgebung stattfindet).

5.1.3 *Wie werden wir selbst gute Zuhörer?*

Als Grundbedingung für ein richtiges Zuhörverhalten gelten folgende vier Regeln:

1. Sich auf den Gesprächspartner einstellen, sich in seine Lage versetzen.
2. Den Gesprächspartner akzeptrieren, ihm Achtung und Wertschätzung entgegenbringen.
3. Dem Gesprächspartner konzentiert Zuhören, d. h. nicht mit den Gedanken abschweifen.
4. Den Gesprächspartner ausreden lassen, ihn nicht unterbrechen.

Wenn wir den Gesprächspartner unterbrechen,

- denkt er nur an das, was er sagen wollte, und hört selbst nicht mehr zu; es entstehen Mißverständnisse,
- führt dies bei einem anderen Gesprächspartner zur Einschüchterung; er fühlt sich angegriffen und zeigt *Abwehrreaktionen*,
- beeinträchtigt dies die *Beziehungsebene* und das Gesprächsklima.

Um sich die Bedeutung des Zuhörens für den Gesprächsverlauf zu verdeutlichen, sollten wir folgende fünf Fragen beantworten:

1. Wie empfinde ich es, bei einem Gespräch unterbrochen zu werden?
2. Welchen Eindruck habe ich von dem Gesprächspartner, der mich ständig unterbricht? (Wirkt er sympathisch? Strebe ich weitere Gespräche mit ihm an?)
3. Wir reagiere ich, wenn ich den Eindruck habe, der Gesprächspartner hört mir nicht zu?

---

60 Vgl. Verständlichkeit der Aussage, Kap. 2.
61 Vgl. Organisatorische Gesprächsvorbereitung, Kap. 1.
62 Vgl. Organisatorische Gesprächsvorbereitung, Kap. 1.

4. Wie wirkt dieser Gesprächspartner auf mich?
5. Was empfinde ich dagegen, wenn ein Gesprächspartner mir aufmerksam zuhört und mich ausreden läßt?

Merke: Das Zuhörverhalten der Gesprächsteilnehmer beeinflußt den Gesprächsverlauf. Es hat Auswirkungen auf die *Sachebene* und auf die *Beziehungsebene*.

Da sich das Zuhörverhalten der Gesprächsteilnehmer auf den Gesprächsverlauf auswirkt, sollten wir bei einem Gespräch darauf achten, dem Gesprächspartner *richtig* zuzuhören. Richtiges Zuhören bedeutet,

– wir hören *aktiv* zu (vgl. 5.2) *und*
– wir hören *analytisch* zu (vgl. 5.3).

Zusammenfassung:
Das Zuhörverhalten der Gesprächsteilnehmer hat Einfluß auf das Gespräch.

Wir unterscheiden zwei Zuhörarten:

– aktives Zuhören,
– analytisches Zuhören.

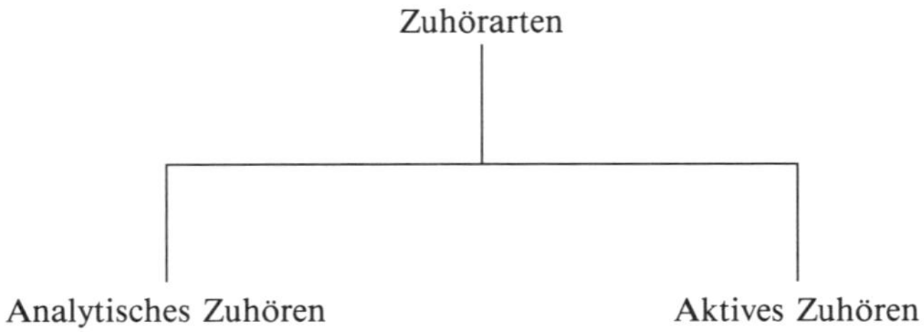

Abb. 17: Zuhörarten

Nachdem die *Wichtigkeit des Zuhörverhaltens für den Gesprächsverlauf* dargestellt wurde, werden nun die einzelnen Komponenten des richtigen Zuhörverhaltens vorgestellt.

5.2 Aktives Zuhören

In den vorangehenden Seiten wurde aufgezeigt, wie wichtig es bei einem Gespräch ist, seinem Gesprächspartner richtig zuzuhören. Richtiges Zuhören heißt jedoch nicht, sich *passiv* zu verhalten und den Gesprächspartner einfach reden zu lassen, sondern richtiges Zuhören heißt: *aktiv* zuhören.

Aktives Zuhören bedeutet,

- die Bereitschaft, den Gesprächspartner und das was er sagt zu verstehen,
- auf den Gesprächpartner einzugehen,
- bei dem Gespräch mitzudenken,
- dem Gesprächspartner Aufmerksamkeit und Interesse zu signalisieren.

5.2.1 Wie wird aktives Zuhören signalisiert?

Der Gesprächspartner erkennt an sog. *Aufmerksamkeitsreaktionen*, daß sein Gegenüber aktiv zuhört. Zu den Aufmerksamkeitsreaktionen gehören:

1. Äußerungen und Formulierungen,
2. non-verbale Verhaltensweisen[63].

Zu 1. Mit Hilfe verschiedener Äußerungen und Formulierungen kann dem Gesprächspartner Aufmerksamkeit und Interesse signalisiert werden.

So z. B.:

- „wirklich“, „aha“,
- „Können Sie mehr darüber sagen?“
- „Und weiter?“

Zu 2. Aber auch non-verbale Verhaltensweisen zeigen dem Gesprächspartner, daß ihm aufmerksam und interessiert zugehört wird.

So z. B.:

- Kopfnicken,
- Augenzwinkern,
- Blickkontakt,
- vorgebeugte Haltung.

---

63 Vgl. Richtiges non-verbales Verhalten, Kap. 7.

5.2.2 Weshalb aktiv zuhören?

- Hören wir aktiv zu, wird dem Gesprächspartner Anerkennung und Interesse signalisiert. Der Gesprächspartner fühlt sich als Person angenommen und akzeptiert. Es entsteht ein positives Gesprächsklima, das sich positiv auf nachfolgende Gespräche auswirkt.
- Der Gesprächspartner wird durch die Rückmeldungen seines Gegenübers zum Weiterreden angeregt. Die Kommunikation zwischen den Gesprächsteilnehmern wird dadurch gefördert.
- Das aktive Zuhören hilft dem Gesprächspartner dabei, Probleme zu lösen: Der Gesprächspartner wird durch die Rückmeldungen zum Nachdenken aufgefordert. Dadurch fällt es ihm leichter, Lösungsmöglichkeiten zu finden.
- Aktives Zuhören trägt dazu bei, Mißverständnisse zu vermeiden: Anhand der Rückmeldungen erkennt der Gesprächspartner, ob seine Aussagen richtig verstanden wurden und hat somit die Möglichkeit, Mißverständnisse sofort aufzuklären.

> **Merke:** Für einen erfolgreichen Gesprächsverlauf ist es wichtig, dem Gesprächspartner *aktiv* zuzuhören.

Neben sog. *Aufmerksamkeitsreaktionen* gibt es verschiedene *Techniken des aktiven Zuhörens.*

5.2.3 Techniken des aktiven Zuhörens

Es gibt sieben verschiedene Techniken des aktiven Zuhörens. Wenn wir diese Techniken anwenden, zeigen wir dem Gesprächspartner:

- Ich interessiere mich für dich und dafür, was du sagst.
- Ich versuche, dich zu verstehen.
- Ich höre dir aufmerksam und konzentriert zu.

Zu den Techniken des aktiven Zuhörens gehören:

1. Paraphrasieren,
2. Verbalisieren,
3. Nachfragen,
4. Zusammenfassen,
5. Klären,
6. Weiterführen,
7. Abwägen.

Nachfolgend werden die einzelnen Techniken des aktiven Zuhörens näher erläutert.

5.2.3.1 Paraphrasieren[64]

Unter *Paraphrasieren* versteht man das Wiederholen der *sachlichen Aussage* des Gesprächspartners mit *eigenen Worten.*

Durch das Paraphrasieren wird dem Gesprächspartner gezeigt, daß das Wesentliche seiner Aussage verstanden wurde. Der Gesprächspartner wird zum Weiterreden angeregt, und es wird vermieden, daß vom Gesprächsthema abgewichen wird.

Beispiel:

A: „Eigentlich möchte ich dieses Jahr einen längeren Urlaub machen. Entweder in Europa oder aber in den USA."

B: „Du hast dich noch nicht entschieden?"

5.2.3.2 Verbalisieren

Verbalisieren bedeutet, daß die *emotionale Aussage* des Gesprächspartners mit *eigenen Worten* wiederholt wird[65].

Da bei einem Gespräch die *Sachebene* und die *Beziehungsebene* fest miteinander verbunden sind, werden bei der Übermittlung von Sachinformationen auch gleichzeitig Emotionen ausgedrückt und übermittelt. Werden die emotionalen Aussagen mit eigenen Worten wiederholt, hilft es dem Gesprächspartner, sich über die eigene Gefühlslage klar zu werden.

Durch das Ansprechen der Gefühle wird dem Partner signalisiert, daß man sich für ihn und seine Emotionen interessiert. Es fällt ihm dadurch leichter, seine Gefühle offen auszusprechen.

Beispiel:

A: „Ich habe mich so darauf gefreut, auf diese Veranstaltung zu gehen, und nun wird sie kurzfristig abgesagt."

B: „Du bis jetzt sehr enttäuscht?"

5.2.3.3 Nachfragen[66]

Werden Fragen gestellt[67], zeigt dies dem Gesprächsteilnehmer, daß sein Partner ihm aufmerksam zugehört hat und daß er noch mehr von ihm erfahren möchte.

---

64 Vgl. *E. Crisand:* Psychologie der Gesprächsführung 1992.

65 Vgl. *E. Crisand:* Psychologie der Gesprächsführung 1992.

66 Vgl. *Weisbach/Eber-Götz/Ehresmann:* 1979, S. 67–69.

67 Vgl. Richtige Fragetechnik, Kap. 4.

Durch die Fragen wird der Gesprächspartner zum Nachdenken angeregt und gleichzeitig zum Weiterreden aufgefordert.

Beispiel:

A: „Bei uns in der Firma kracht es zur Zeit in sämtlichen Abteilungen."
B: „Weshalb das denn? Erzähl mal mehr darüber!"

5.2.3.4 Zusammenfassen

Bei dieser Technik des aktiven Zuhörens werden die Äußerungen des Gesprächspartners von Zeit zu Zeit zusammengefaßt und wiederholt. Besonders bei längeren Gesprächen oder wenn die Gefahr besteht, daß vom Gesprächsthema abgewichen wird, trägt das Zusammenfassen dazu bei, die Kernaussagen des Gesprächspartners noch einmal zu verdeutlichen. Das Zusammenfassen zeigt dem Gesprächspartner, daß ihm aufmerksam zugehört wurde und hilft ihm außerdem dabei, den Überblick beim Gespräch nicht zu verlieren[68].

5.2.3.5 Klären

Mit dieser Technik wird versucht, die Aussagen des Gesprächspartners näher abzuklären. Durch die Rückmeldungen erfährt der Gesprächspartner, ob seine Aussage richtig verstanden wurde, und hat somit die Möglichkeit, sich präziser auszudrücken, falls sein Gegenüber ihn falsch verstanden haben sollte. Dadurch wird das Auftreten von Mißverständnissen verringert, und es wird vermieden, daß die Gesprächsteilnehmer aneinander vorbei reden.

Beispiel:

A: „Bis nächste Woche muß dieses Projekt abgeschlossen sein. Aber wenn ich mir die ganzen unerledigten Arbeiten anschaue, ist es fast unmöglich, diesen Termin einzuhalten."
B: „Glaubst du wir schaffen es nicht?"

5.2.3.6 Weiterführen

Durch diese Technik soll der Gesprächsteilnehmer gedanklich weitergeführt werden.

68 Vgl. Gliederung und Ordnung, Kap. 2.

Die Rückmeldungen seines Gegenübers sollen den Gesprächsteilnehmer dazu veranlassen, über ein Problem oder einen bestimmten Sachverhalt weiterführend nachzudenken und ihm so dabei helfen, eine Entscheidung oder eine Lösung zu finden.

Beispiel:

A: „Eigentlich bin ich heute abend mit einem alten Freund verabredet. Aber eigentlich möchte ich lieber zu Hause bleiben."

B: „Ich überlege mir, wieviel dir überhaupt an ihm liegt."

5.2.3.7 Abwägen

Bei dieser Technik werden die sich widersprechenden Aussagen des Gesprächspartners miteinander verglichen. Die Rückmeldungen sind so formuliert, daß sie die Kernaussagen des Gesprächspartners aufzeigen und die einzelnen Alternativen gegeneinander abwägen. Dadurch fällt es dem Gesprächspartner leichter, eine Entscheidung zu treffen.

Beispiel:

A: „Heute möchte ich gerne ins Theater gehen, aber die Oper interessiert mich auch."

B: „Es fällt dir schwer, dich zwischen dem Wort und der Musik zu entscheiden."

Zur Verdeutlichung werden die verschiedenen Techniken des aktiven Zuhörens an einem Beispiel dargestellt.

Beispiel:

„Eigentlich möchte ich mir ein Auto kaufen, aber auch eine längere Urlaubsreise machen; ich bin mir aber noch nicht sicher."

Paraphrasieren:
„Du kaufst dir entweder ein Auto oder machst eine längere Urlaubsreise?"

Verbalisieren:
„Du bist verunsichert?"

Nachfragen:
„Aus welchen Gründen kannst du dich nicht entscheiden?"

Zusammenfassen:
„Du kannst dich nicht zwischen einem neuen Auto und einer längeren Urlaubsreise entscheiden?"

Klären:
„Autokauf und Urlaubsreise – beides interessiert dich gleich stark?“

Weiterführen:
„Ich frage mich gerade, wieviel dir ein neues Auto bedeutet.“

Abwägen:
„Du möchtest beides. Es fällt dir schwer, dich zu entscheiden?“

Zusammenfassung:
Aktives Zuhören heißt, auf den Gesprächspartner einzugehen, ihm interessiert zuzuhören und ihm Aufmerksamkeit und Interesse zu signalisieren.

Anhand sog. *Aufmerksamkeitsreaktionen* sowie durch verschiedene *Techniken* können wir dem Gesprächspartner zeigen, daß wir ihm aktiv zuhören.

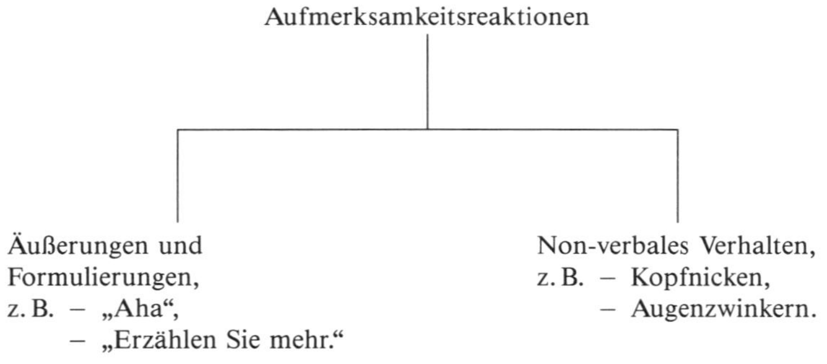

Abb. 18: Aufmerksamkeitsreaktionen

Nach dem *aktiven Zuhören* wird als nächste Komponente des richtigen Zuhörens das *analytische Zuhören* erläutert.

5.3 Analytisches Zuhören

Beim *aktiven Zuhören* geht es darum, dem Gesprächspartner aufmerksam zuzuhören und ihm durch ständige Rückmeldungen zu übermitteln, daß man sich für *ihn* und das, *was er sagt*, interessiert.

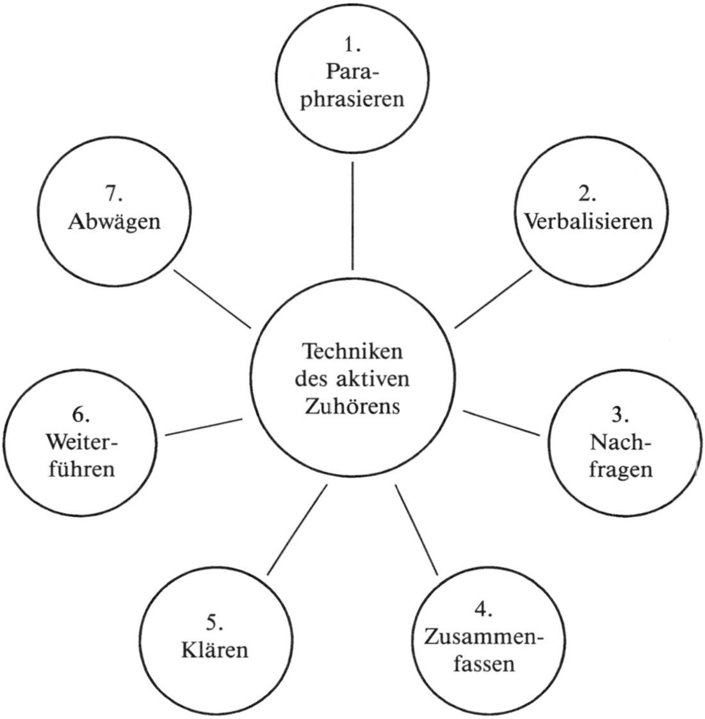

Abb. 19: Techniken des aktiven Zuhörens

Zum richtigen Zuhörverhalten gehört neben dem aktiven Zuhören noch eine weitere Komponente, nämlich das *analytische Zuhören.*

Analytisches Zuhören bedeutet, dem Gesprächspartner *aktiv zuzuhören* und dabei die Sachaussage zu analysieren.

Wir fragen uns: Ist die Aussage sachlich richtig, und sind die Argumente beweiskräftig?

5.3.1 Weshalb analytisch zuhören?

- Das analytische Zuhören trägt dazu bei, Mißverständnisse aufzudecken und zu beseitigen. Dadurch wird schneller ein erfolgreicher Gesprächsabschluß erreicht.

- Bei Sachgesprächen läßt sich oftmals beobachten, daß einzelne Gesprächsteilnehmer versuchen, durch geschickte Argumentationsmethoden[69] den Partner zu täuschen, um eigene Gesprächsziele durchzusetzen. Es ist deshalb sinnvoll, die Aussagen des Partners kritisch zu prüfen.
- Durch das kritische Überprüfen der Sachinformationen werden unlogische oder sachlich falsche Aussagen erkannt. Die Gefahr, durch Scheinargumente (siehe unten) getäuscht zu werden, ist verringert.

5.3.2 Was ist beim analytischen Zuhören zu beachten?

Grundsätzlich ist es erforderlich, dem Gesprächspartner konzentriert zuzuhören, um seine Aussagen analysieren zu können. Der Zuhörer sollte sich auf das Gesagte konzentrieren und sich darum bemühen, nicht mit seinen Gedanken abzuschweifen.

Bei der Analyse der Sachaussage sollte der Zuhörer insbesondere auf zwei Dinge achten:

1. auf Scheinargumente,
2. auf stillschweigende Voraussetzungen.

5.3.2.1 Scheinargumente

Kann ein Gesprächsteilnehmer seine Aussage nicht durch stichhaltige Argumente belegen, so benutzt er oftmals sog. *Scheinargumente*. Bei der Scheinargumentation wird beispielsweise ein bestimmter Sachverhalt mit Begriffen, die einen anerkannt hohen Stellenwert besitzen, in Verbindung gebracht (z. B. Fortschritt, Tradition etc.)[70]. Durch diesen scheinbaren Zusammenhang wirkt die Aussage beweiskräftig.

Beispiel:

„Jedes fortschrittliche Unternehmen besitzt heute dieses neue Herstellungsverfahren."

5.3.2.2 Stillschweigende Voraussetzungen

Stillschweigende Voraussetzungen sind subjektive Annahmen (Hypothesen) des Gesprächspartners, die er jedoch nicht laut äußert.

---

69 Vgl. Strategische Argumentationsmethoden, Kap. 3.
70 Vgl. Scheinargument-Methode, Kap. 3.

Der Gesprächspartner macht eine bestimmte Aussage, aber er verschweigt seine subjektive Meinung, die seiner Aussage zugrunde liegt, und nennt nur die sich aus seinen Überlegungen ergebende Schlußfolgerung.

Beispiel:
„Herbert bekommt einen Studienplatz in Medizin."

Stillschweigende Voraussetzung: „Dann hat Herbert sicher ein sehr gutes Abitur gemacht!" – In Wirklichkeit kam er über das Losverfahren zu seinem Studienplatz.

Stillschweigende Voraussetzungen werden normalerweise nicht laut ausgesprochen. Es scheint dem Sprecher unnötig, da er davon ausgeht, daß sie allgemein bekannt und akzeptiert wurden. Würden die stillschweigenden Voraussetzungen ständig ausgesprochen, so würde der Eindruck entstehen, daß man dem Gesprächspartner keine eigenen Gedankensprünge zutraut und daß man denkt, der Gesprächspartner sei nicht fähig, dem Gespräch gedanklich zu folgen. Der Gesprächspartner wäre frustriert – er würde mit *Abwehrmechanismen* reagieren.

Stillschweigende Voraussetzungen sind jedoch vor allem bei Sachgesprächen sehr problematisch:

- Da der Gesprächspartner die stillschweigenden Voraussetzungen nicht offen äußert, kommt es leicht zu Mißverständnissen zwischen den Gesprächsteilnehmern.
- Stillschweigende Voraussetzungen können den Gesprächspartner manipulieren: Weil der Sprecher auf seine Aussage nur die Schlußfolgerung nennt und die stillschweigenden Voraussetzungen verschweigt, wirkt die Aussage logisch richtig und wird nur selten hinterfragt. Der Gesprächspartner kann dadurch leicht getäuscht und in seiner Denkweise beeinflußt werden.

Beispiel:
„Aktien sind rentabel. Sie sollten gekauft werden!"

Stillschweigende Voraussetzung: Alles was rentabel ist, sollte gekauft werden.

> **Merke:** Um Mißverständnisse und Täuschungen bei einem Sachgespräch zu vermeiden, achten wir auf *stillschweigende Voraussetzungen* und auf *Scheinargumente.*

5.3.3 *Was können wir tun, wenn wir stillschweigende Voraussetzungen und Scheinargumente erkennen?*

Erkennen wir stillschweigende Voraussetzungen und Scheinargumente in der Aussage eines Gesprächsteilnehmers, entkräften wir diese mit Hilfe der *Fragetechnik*[71].

Beispiel:
„Aufgrund meiner langjährigen Erfahrung. . ." (Scheinargument).

Frage: „Ist Ihre Erfahrung in diesem Zusammenhang wichtig?"

Zusammenfassung:
- Beim *analytischen Zuhören* hören wir dem Gesprächspartner *aktiv* zu und überprüfen dabei die Sachaussage auf ihre Stichhaltigkeit.
- Bei der Überprüfung der Sachaussagen achten wir auf *stillschweigende Voraussetzungen* und auf *Scheinargumente.*

---

71 Vgl. Richtige Fragetechnik, Kap. 5.

6. Fünfter gesprächspsychologischer Grundsatz: Richtiges non-verbales Verhalten

Dieses Kapitel gewährt dem Leser einen Einblick in die non-verbale Kommunikation. Dem Leser wird aufgezeigt, welche Funktionen das non-verbale Verhalten der Gesprächsteilnehmer bei einem Gespräch erfüllt und wie wichtig es ist, die non-verbale Kommunikation im Gespräch zu berücksichtigen. Es werden dem Leser die einzelnen Ausdrucksbereiche der non-verbalen Kommunikation vorgestellt: die Körpersprache, das räumliche Verhalten, der stimmliche Ausdruck. Der Leser lernt, die verschiedenen non-verbalen Botschaften richtig zu interpretieren.

6.1 Das non-verbale Verhalten im Gespräch

Bei einem Gespräch kommunizieren die Teilnehmer nicht nur sprachlich *(verbal)* miteinander, sondern es findet auch eine sprachfreie, eine sog. *non-verbale* Kommunikation statt. Bei der *non-verbalen* Kommunikation werden Informationen auf sprachfreiem Wege, d. h. mit Hilfe *non-verbaler* Signale übermittelt. Diese Signale werden zumeist unbewußt gesendet. Dazu gehören:

- die Körpersprache (vgl. 6.2),
- das räumliche Verhalten (vlg. 6.3),
- der stimmliche Ausdruck (vgl. 6.4).

6.1.1 Welche Funktion hat das non-verbale Verhalten im Gespräch?

Das non-verbale Verhalten der Gesprächsteilnehmer erfüllt folgende acht Funktionen im Gespräch:

- *Es verdeutlicht die Beziehung zwischen den Gesprächsteilnehmern.* Im non-verbalen Verhalten drückt sich die augenblickliche und die grundsätzliche Beziehung der Gesprächsteilnehmer aus (z. B. Ablehnung, Sympathie)[72].
- *Das non-verbale Verhalten zeigt die Gestimmtheit der Gesprächsteilnehmer* (z. B. Unsicherheit, Nervosität, Verärgerung, Freude).
- *Non-verbale Botschaften spiegeln die innere Einstellung der Gesprächsteilnehmer wider.* So läßt sich beispielsweise erkennen, ob die Gesprächs-

72 Vgl. *E. Crisand:* Psychologie der Gesprächsführung 1992, S. 42.

teilnehmer Interesse am Gespräch besitzen oder nicht (z. B. Anzeichen für Desinteresse: gelangweilter Gesichtsausdruck, häufiges Gähnen).

- *Non-verbales Verhalten regelt den Gesprächsverlauf.* Mit Hilfe non-verbaler Signale verdeutlichen die Gesprächsteilnehmer, wer wann zu reden anfängt oder damit aufhören soll (z. B. zunehmende Lautstärke zeigt, daß der Sprecher nicht unterbrochen werden möchte).
- *Non-verbale Signale geben dem Sprecher ein Feedback*[73] *über seine Aussagen.* Der Sprecher erkennt am non-verbalen Verhalten seines Gesprächspartners, wie dieser seine Äußerungen aufgefaßt hat (z. B. Skepsis, Erstaunen, Ungläubigkeit).
- *Non-verbale Botschaften können eine sprachliche Äußerung ersetzen.* Viele non-verbale Signale werden anstelle sprachlicher Aussagen bewußt zur Verständigung eingesetzt (z. B. Kopfschütteln oder -nicken, statt „Nein", „Ja").
- *Das non-verbale Verhalten kann sprachliche Äußerungen verstärken oder abschwächen* (z. B. verdeutlicht oftmals der Tonfall, wie das Gesagte tatsächlich gemeint war)[74].
- *Das non-verbale Verhalten beeinflußt die Gesprächsteilnehmer*[75]. Wenn beispielsweise ein Gesprächsteilnehmer durch sein non-verbales Verhalten Selbstsicherheit ausstrahlt, wirkt er vertrauenswürdig, seine verbalen Aussagen werden besser akzeptiert.

Merke: Das non-verbale Verhalten der Gesprächsteilnehmer liefert bedeutende Zusatzinformationen für den Gesprächsverlauf.

Wenn wir die non-verbalen Signale der Gesprächsteilnehmer beachten, fällt es uns leichter:

- den Gesprächspartner besser zu verstehen,
- Spannungen und Mißverständnisse im Gespräch zu vermeiden.

Für einen erfolgreichen Gesprächsverlauf sind drei Grundregeln zu beachten:

1. Die Aussagefähigkeit des non-verbalen Verhaltens zu verdeutlichen.
2. Das eigene non-verbale Verhalten bewußt zu machen.
3. Die non-verbalen Signale der Gesprächsteilnehmer zu erkennen und *richtig* zu interpretieren.

---

73 Vgl. *E. Crisand:* Psychologie der Gesprächsführung 1992, S. 44.

74 Vgl. Stimmlicher Ausdruck in diesem Kapitel.

75 Vgl. *S. Molcho:* Körpersprache als Dialog 1988, S. 189.

6.1.2 *Was müssen wir bei der Interpretation des non-verbalen Verhaltens berücksichtigen*[76]?

Obwohl wir viele non-verbale Signale unbewußt richtig deuten (z. B. Kopfnicken = Ja), ist bei der Interpretation des non-verbalen Verhaltens die Aussage der *Kinesik*[77] zu berücksichtigen.

Die kinesischen Erkenntnisse sind jedoch vorsichtig auf den Gesprächspartner zu übertragen. Denn, das non-verbale Verhalten der Gesprächsteilnehmer *muß* nicht immer die Botschaft enthalten, die der Kinesiker diesem zuschreibt.

Hierzu drei Beispiele:

- Häufiges Gähnen kann ein Anzeichen von Desinteresse sein, aber auch nur die Müdigkeit des Gesprächspartners ausdrücken.
- Verschränkt ein Gesprächsteilnehmer seine Arme vor der Brust, muß das nicht ein Abwehrsignal sein, es kann auch nur eine für den Gesprächspartner angenehme Körperhaltung darstellen.
- Kneift der Gesprächspartner seine Augen zusammen, ist dies nicht immer der Ausdruck von Kritik, es kann auch sein, daß der Gesprächspartner schlecht sieht und eine Brille benötigt.

Da die meisten non-verbalen Signale *mehrdeutig* sind, sind für eine genaue Definition ihrer non-verbalen Aussage folgende Faktoren zusätzlich zu beachten: verbale Aussage, Umgebung, Rolle, Stimmung, Situation, Gewohnheiten (z. B. bestimmte Gesten).

> **Merke:** Um einzelne non-verbale Signale richtig zu deuten, müssen sie im Gesamtzusammemhang betrachtet werden.

Grundsätzlich läßt sich zur Interpretation non-verbaler Verhaltensweisen sagen, daß die non-verbalen Signale in ihrer Aussage oftmals aufrichtiger als verbale Äußerungen sind, da wir gelernt haben, unsere verbalen Aussagen zu kontrollieren[78]. Aus diesem Grund ist bei Abweichung zwischen der verbalen und der non-verbalen Aussage dem non-verbalen Verhalten eine größere Bedeutung beizumessen.

---

76 Vgl. *H. Rückle:* Körpersprache für Manager 1979, S. 15.
77 Kinesik = Wissenschaft der sog. Körpersprache.
78 Vgl. *E. Crisand:* Psychologie der Gesprächsführung 1992, S. 43.

Zusammenfassung:

Bei einem Gespräch findet neben der *verbalen Kommunikation* auch eine *non-verbale Kommunikation* statt, d. h. Informationen werden entweder bewußt oder unbewußt durch *non-verbale Signale* übermittelt.

Zu den Ausdrucksbereichen der non-verbalen Kommunikation gehören:

- die *Körpersprache*,
- das *räumliche Verhalten*,
- der *stimmliche Ausdruck*.

Das *non-verbale Verhalten* erfüllt wichtige Funktionen im Gespräch.

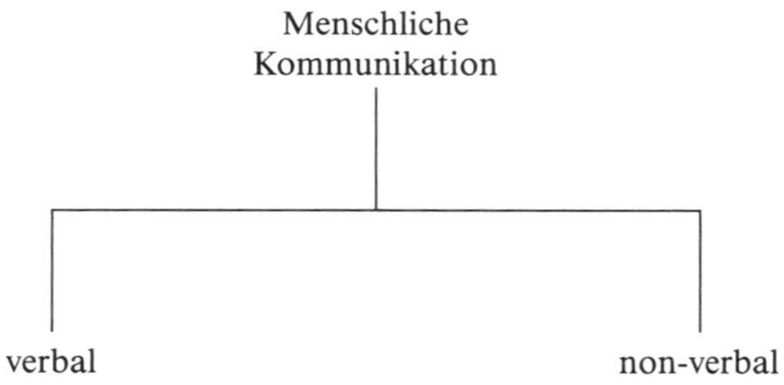

Abb. 20: Menschliche Kommunikation

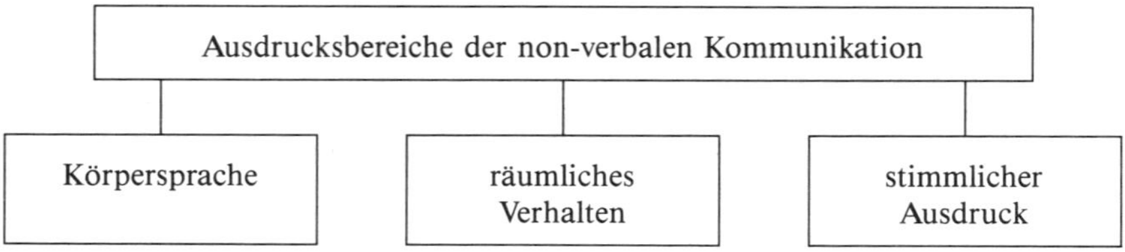

Abb. 21: Ausdrucksbereiche der non-verbalen Kommunikation

6.2 Die Bedeutung der Körpersprache

Non-verbale Kommunikation findet zu einem großen Teil durch die *Körpersprache* statt. Durch unbewußte oder aber bewußte Bewegungen unseres Körpers (oder einzelner Körperteile) werden non-verbale Botschaften übermittelt.

Zu den Ausdrucksbereichen der Körpersprache gehören:

- Gestik (vgl. 6.2.1),
- Mimik (vgl. 6.2.2),
- Körperhaltung (vgl. 6.2.3).

Die körpersprachlichen Signale geben Aufschluß über

- die Emotionen der Gesprächsteilnehmer (z. B. Freude, Aggressivität),
- die innere Einstellung der Gesprächsteilnehmer (z. B. Desinteresse).

Werden die körpersprachlichen Signale der Gesprächsteilnehmer nicht beachtet, kann sich dies negativ auf das Gespräch auswirken.

Beispiel:

- Ein Gesprächsteilnehmer signalisiert Gleichgültigkeit und Desinteresse. Sein Gegenüber nimmt diese Signale nicht wahr und fährt weiter im Gespräch fort. Es entstehen Mißverständnisse, da der Gesprächspartner dem Gespräch gedanklich nicht mehr folgt.
- Ein Gesprächsteilnehmer nimmt die Emotionen seines Gesprächspartners nicht zur Kenntnis. Der Gesprächspartner empfindet dies als Ablehnung seiner Person und reagiert mit Abwehrmechanismen.

Mit Hilfe körpersprachlicher Signale werden auch bestimmte Verhaltensweisen signalisiert:

Beispiel:

- *Aktives Zuhören*[79]. Anzeichen für Aktives Zuhören sind beispielsweise: Zugewandter Oberkörper, Blickkontakt, hochgezogene Augenbrauen, Nicken.
- *Sprechbereitschaft.* Ein Gesprächsteilnehmer signalisiert, daß er das Wort ergreifen möchte, mit folgenden Signalen: Kopf heben, nach vorne beugen, Hand, Arm, Finger oder Schreibutensilien hochheben, Fingerschnippen.

Die Körpersprache ist darüber hinaus mitverantwortlich für das Bild, das wir uns vom Gesprächspartner machen. Dieses Bild wird unter anderem durch körpersprachliche Signale geprägt (z. B. Gesichtsausdruck, Gesten).

---

79 Vgl. Aktives Zuhören, Kap. 5.

Das *Bild vom anderen* beeinflußt das Verhalten der Gesprächsteilnehmer. Es kann sich positiv oder aber negativ auf ihr Verhalten auswirken.

Beispiel:
Ein Gesprächsteilnehmer lächelt viel und hat einen freundlichen Gesichtsausdruck. Er wirkt dadurch auf seinen Gesprächspartner freundlich oder sympatisch.

Dies hat zur Folge:

- Der freundliche Eindruck bewirkt, daß ihm vorwiegend positive Eigenschaften zugeordnet werden *(Sympathiefehler)*[80]. Seine Äußerungen werden daher viel eher akzeptiert.
- Weil der Gesprächspartner als sympathische und freundliche Person angesehen wird, verhält sich sein Partner seinerseits auch freundlich. Dadurch entsteht eine positive Beziehung zwischen den Gesprächsteilnehmern.

Merke: Ein Gespräch kann durch die körpersprachlichen Signale der Gesprächsteilnehmer beeinflußt werden.

Aus diesem Grund ist es wichtig, die Aussagefähigkeit der Körpersprache zu erkennen und die einzelnen non-verbalen Signale *richtig*[81] zu deuten.

Zusammenfassung:
Die Körpersprache übermittelt non-verbale Botschaften.

Ausdrucksfelder der Körpersprache sind:

- Gestik,
- Mimik,
- Körperhaltung.

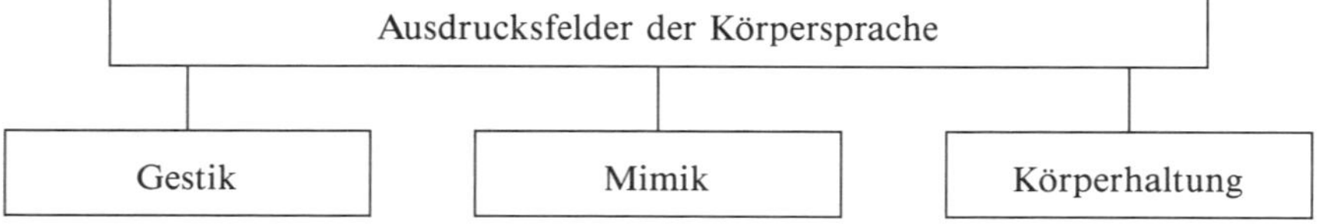

Abb. 22: Ausdrucksfelder der Körpersprache

80 Vgl. *E. Crisand:* Psychologie der Gesprächsführung 1992, S. 39.
81 Vgl. 6.1.2.

Nachfolgend werden die einzelnen Ausdrucksfelder der Körpersprache näher erläutert und ihre non-verbalen Botschaften nach den Erkenntnissen der Kinesik interpretiert.

6.2.1 Die Gestik

Als *Gesten* werden alle Bewegungen des Kopfes, der Arme und der Hände bezeichnet, durch die unbewußt non-verbale Signale übermittelt werden. Die Art und Weise, wie die Gesten ausgeführt werden, ist individuell und kulturell verschieden. Bei einem Gespräch werden Gesten beispielsweise *bewußt* eingesetzt, um:

- einen bestimmten Sachverhalt zu verdeutlichen (z. B. Größe, Länge),
- das Gesagte zu verstärken/abzuschwächen (z. B. erhobener Zeigefinger)
- aufmerksam zu machen (z. B. auf Personen oder Gegenstände).

Neben Gesten, die von den Gesprächsteilnehmern ganz bewußt zur non-verbalen Kommunikation eingesetzt werden, läßt sich bei einem Gespräch auch eine Vielzahl von Gesten beobachten, durch die *unbewußt* non-verbale Botschaften gesendet werden.

Wenn wir diese Gesten *richtig* interpretieren, erhalten wir wichtige Zusatzinformationen für den Gesprächsverlauf.

6.2.1.1 Was sagen die Gesten der Gesprächsteilnehmer aus?

Die bei einem Gespräch häufig vorkommenden Gesten sowie ihre mögliche Bedeutung wurden in Tabelle 2 zusammengefaßt.

Merke: Gesten geben einen Einblick in die Emotionen und die innere Einstellung der Gesprächsteilnehmer.

Zusammenfassung:
Gesten sind Bewegungen der Arme, des Kopfes und der Hände, die bewußt oder unbewußt zur non-verbalen Kommunikation eingesetzt werden.

Gesten liefern wichtige Zusatzinformation für den Gesprächsverlauf.

Tabelle 2: Gesten und ihre mögliche non-verbale Aussage[82]

Gestik	*non-verbale Aussage*
Hände in den Hüften	will Überlegenheit demonstrieren, auch starker Trotz
versteckt Hände in den Taschen	innere Unsicherheit, Verschlossenheit, Desinteresse
Hände zur Faust geballt	zeigt Aggressivität, auch Verstärkung der Aussage
Arme hinter dem Kopf verschränkt	Sicherheit, fühlt sich Herr der Lage
verschränkte Arme	sucht Schutz, Reserviertheit, evtl. Ablehnung
ausgestreckter Zeigefinger	möchte belehren, auch Überlegenheit
Hände klammern sich fest	innere Aggression, Unsicherheit
Hände-vors-Gesichtschlagen	Abschalten, Abschirmung
systematisches Fingertrommeln	Ungeduld, Langeweile
Reiben der Nase	Ratlosigkeit, Unsicherheit
am Ohr ziehen	Ratlosigkeit
gesenkter Kopf und Blick	unterordnend
plötzliches Zurückwerfen des Kopfes	Bereitschaft zur Auseinandersetzung
vorgestreckter Kopf	signalisiert Interesse
pendelndes Hin- und Herwiegen des Kopfes	Ratlosigkeit, Zweifel

6.2.2 Die Mimik

Non-verbale Botschaften werden nicht nur durch die *Gesten* der Gesprächsteilnehmer übermittelt, sondern auch durch ihre *Mimik*, den Ausdruck des Gesichtes. Die Mimik der Gesprächsteilnehmer erfüllt in einem Gespräch folgende vier Funktionen[83]:

82 Vgl. *Reineke/Damm:* Signale im Gespräche 1979, S. 46/47; *H. Rückle:* Körpersprache für Manager 1979, S. 244 ff.

83 Vgl. *D. W.* und *W. Allhoff:* Rhetorik & Kommunikation, 1988, S. 38.

- *Sie spiegelt die Emotionen der Gesprächsteilnehmer wider* (z. B. Traurigkeit, Freude, Wut).
- *Die Mimik lenkt das Gespräch.* Gibt ein Gesprächsteilnehmer durch seine Mimik zu verstehen, daß er das Gesagte nicht verstanden hat, wird sein Gesprächspartner anstatt weiterzureden die Aussage noch einmal wiederholen oder näher erklären.
- *Die Mimik verdeutlicht die innere Einstellung der Gesprächsteilnehmer.* Sie zeigt z. B., ob der Gesprächspartner das Gesagte ablehnt oder ihm zustimmt.
- *Die Mimik beeinflußt die Einstellung zum Gesprächspartner.* Untersuchungen haben gezeigt, daß eine positive Einstellung zum Gesprächspartner zu über 50% von seinem Gesichtsausdruck abhängt.

Merke: Die Mimik erfüllt wichtige Funktionen in einem Gespräch.

Die Mimik liefert eine Vielzahl verschiedener Ausdrucksmöglichkeiten non-verbaler Signale. Eine für den Gesprächsverlauf wichtige mimische Ausdrucksform ist der *Blick.*

6.2.2.1 Blickkontakt

Die Art und Weise, *wie* sich die Gesprächsteilnehmer gegenseitig anblicken, drückt viele non-verbale Botschaften aus.

Beispiel:

Sympathie und Interesse werden durch häufiges Anblicken signalisiert: Menschen, die einem sympathisch sind, werden öfter angesehen, als wenn man sie unsympathisch findet.

Dem *Blickkontakt* zwischen den Gesprächsteilnehmern kommt in einem Gespräch eine bedeutende Rolle zu:

- Der Blickkontakt ist nowendig für die Herstellung einer positiven Beziehung zwischen den Gesprächsteilnehmern. Eine Untersuchung ergab, daß Gesprächsteilnehmer, die beim Gespräch ihre Partner oft anschauten, von ihnen als sympathisch eingeschätzt wurden.
- Der Blickkontakt ist wichtig, um die Reaktionen des Gesprächspartners beobachten zu können.

Nur wenn wir den Gesprächspartner anschauen, können wir seine non-verbalen Signale erkennen und erhalten dadurch ein *Feedback*[84] über die eigenen Aussagen.

Findet kein Blickkontakt zwischen den Gesprächsteilnehmern statt, sind die Ursachen möglicherweise

- fachliche oder persönliche Unsicherheit,
- fehlende Identifikation mit der Aussage,
- Angst, Hemmungen,
- Ablehnung,
- Arroganz,
- Ignoranz.

Wird der Gesprächspartner beim Gespräch nicht angesehen, empfindet er dies als Ablehnung seiner Person. Sein Selbstwertgefühl wird angegriffen. Er reagiert mit Abwehrreaktionen.

Merke: Der *Blickkontakt* zwischen den Gesprächsteilnehmern spielt eine wichtige Rolle für den Gesprächsverlauf.

Für einen erfolgreichen Gesprächsverlauf ist es wichtig, den Blickkontakt zum Gesprächspartner aufzunehmen und aufrechtzuerhalten. Es ist jedoch anzuraten, dem Gesprächspartner nicht ständig direkt in die Pupillen zu schauen, da dieses Blickverhalten als aufdringlich und unangenehm empfunden wird. Besser ist es, dem Gegenüber auf den Nasen-Wangenbereich zu sehen.

6.2.2.2 Welche non-verbalen Botschaften werden durch die Mimik gesendet?

Einige wichtige mimische Ausdrucksbewegungen sowie ihre Bedeutung werden in der Tabelle 3 aufgezeigt.

Zusammenfassung:

Die *Mimik* umfaßt die Ausdrucksbewegungen des Gesichtes. Durch sie werden bewußt oder unbewußt non-verbale Signale übertragen.

Das wichtigste mimische Ausdruckmittel ist der *Blick*.

Der *Blickkontakt* zwischen den Gesprächsteilnehmern spielt eine wichtige Rolle im Gespräch.

---

84 Vgl. *E. Crisand:* Psychologie der Gesprächsführung 1992, S. 44.

Tabelle 3: Die Mimik und ihre mögliche non-verbale Aussage[85]

Mimik	*non-verbale Aussage*
Augen nach unten gerichtet, Gesicht abgewendet	Desinteresse
hält Blick nicht stand	Unsicherheit, Furcht
Blick von oben herab	demonstriert Überheblichkeit, Verachtung
Blick von unten	Kritik
Nasenrümpfen	Ablehnung
Längsfalten auf der Stirn	konzentriertes Nachdenken
Querfalten auf der Stirn	Unverständnis, Staunen
häufiges Gähnen	Müdigkeit, Desinteresse
Augenzwinkern	Zeichen für Vertrautheit, signalisiert Zustimmung
verkrampfte Kinnmuskulatur	Trotzhaltung, Anzeichen für Widerspruch

6.2.3 Die Körperhaltung

Außer durch *Mimik* und *Gestik* werden non-verbale Signale auch noch durch die *Körperhaltung* der Gesprächsteilnehmer übermittelt. Aufgrund der Körperhaltung lassen sich beispielsweise Rückschlüsse auf die interpersonelle Einstellung[86] und auf die Emotionen der Gesprächsteilnehmer ziehen.

Beispiel:
- Wird der Oberkörper dem Gesprächspartner zugewendet, kann dies Interesse und Aufmerksamkeit signalisieren.
- Sicherheit und Entspannung äußert sich in einer asymetrischen Arm- und Beinhaltung, zurückgelehnten und leicht seitlich geneigtem Oberkörper.

> **Merke:** Die Körperhaltung liefert wichtige Zusatzinformationen über die Gesprächsteilnehmer. Sie ist deshalb bei der Deutung der Körpersprache mitzuberücksichtigen.

85 Vgl. *H. Rückle*, 1979: Körpersprache für Manager S. 177 ff.; *Reineke/Damm*, Signale im Gespräch 1979, S. 62 ff.

86 Die innere Einstellung der Gesprächsteilnehmer zueinander.

6.2.3.1 Was sagt die Körperhaltung der Gesprächsteilnehmer aus?

Die wichtigsten non-verbalen Signale, die durch die Körperhaltung ausgedrückt werden, sind in der Tabelle 4 zusammengefaßt.

Tabelle 4: Die Körperhaltung und ihre mögliche non-verbale Aussage[87]

Körperhaltung	*non-verbale Aussage*
übereinandergeschlagene Beine beim Sitzen	abwartende, vorsichtige Haltung, auch Verschlossenheit
ausgestreckte Beine	entspannte Haltung
plötzliches Kreuzen der Beine	Widerstand wird signalisiert
leicht geöffnete Beine, Füße auf dem Boden	Ruhe, Gelassenheit
sitzt rittlings auf dem Stuhl, stützt Arme auf Stuhllehne	demonstriert Überlegenheit
sitzt auf dem Stuhlrand	zeigt Ablehnung und Aufbruchbereitschaft
zugewendeter Oberkörper	Interesse, Aufgeschlossenheit
abgewendeter Oberkörper	Desinteresse
wippendes Stehen	will Macht demonstrieren

Zusammenfassung:
Durch die Körperhaltung der Gesprächsteilnehmer werden non-verbale Botschaften ausgedrückt.

Die Körperhaltung gibt Aufschluß über die innere Einstellung und die Emotionen der Gesprächsteilnehmer.

6.3 Das räumliche Verhalten der Gesprächsteilnehmer

Non-verbale Kommunikation findet neben der *Körpersprache* auch noch in einem anderen Bereich statt – dem *räumlichen Verhalten* der Gesprächsteilnehmer. Durch das räumliche Verhalten der Gesprächsteilnehmer werden non-verbale Botschaften übermittelt:

87 Vgl. *H. Rückle*: Körpersprache für Manager 1979, S. 278; *Reineke/Damm*, Signale im Gespräch 1979, S. 32ff.

So können beispielsweise durch die Wahl des Sitzplatzes oder durch den Abstand, der zwischen den Gesprächsteilnehmern besteht, dem sog. *Distanzverhalten*, non-verbale Signale übertragen werden.

Beispiel:

Zu einer Person, die man mag, hält man einen geringeren Abstand ein als zu Personen, die man nicht leiden kann.

Das räumliche Verhalten gibt oftmals Aufschlüsse über die Beziehung zwischen den Gesprächsteilnehmern (z. B. Sympathie, Dominanz). Als Beispiel dafür, wie durch das räumliche Verhalten non-verbale Botschaften übermittelt werden, wird das *Distanzverhalten der Gesprächsteilnehmer* näher erläutert.

6.3.1 Das Distanzverhalten der Gesprächsteilnehmer

Jeder Mensch hat ein bestimmtes Raumbedürfnis, d. h. er beansprucht einen Teil des Raumes, der ihn umgibt, für sich allein. Untersuchungen haben ergeben, daß wir unterschiedliche Abstände zu unseren Mitmenschen einhalten. Wir bewegen uns innerhalb sog. *Distanzzonen*, deren Abstände mit abnehmender Vertrautheit größer werden.

Das Distanzverhalten ist individuell und kulturell verschieden.

Beispiel:

- Introvertierte Menschen haben ein größeres Raumbedürfnis als extrovertierte Personen.
- Zu Menschen, die wir nicht kennen, halten wir größere Abstände ein.
- Araber halten geringere Abstände zueinander ein als Personen der westlichen Welt.

Für unseren Kulturkreis lassen sich vier Distanzen unterscheiden:

1. intime Distanz,
2. persönliche Distanz,
3. gesellschaftliche Distanz,
4. öffentliche Distanz.

6.3.1.1 Die intime Distanz

Die intime Distanz reicht vom Körperkontakt bis zu einer Entfernung von ca. 50 cm. Sie ist Menschen vorbehalten, denen wir ein großes Vertrauen entgegenbringen. Diese Distanz besteht z. B. zwischen Eltern und Kindern, Liebespaaren oder bei sehr engen Freundschaften.

6.3.1.2 Die persönliche Distanz

Bei dieser Distanz reicht der Abstand von ca. 50 cm bis zu ca. 1,50 Meter. Einen solchen Abstand halten wir zu Personen, zu denen wir ein gutes persönliches Verhältnis haben. So beispielsweise zu Freunden oder Familienmitgliedern.

6.3.1.3 Die gesellschaftliche Distanz

Die gesellschaftliche Distanz umfaßt eine Entfernung von ca. 1,50 bis zu 3,00 Metern. Diese Distanz besteht zu Personen, zu denen kein persönlicher Kontakt besteht, z. B. zu Bekannten, Arbeitskollegen, Vorgesetzten, Geschäftspartnern.

6.3.1.4 Die öffentliche Distanz

Als öffentliche Distanz wird ein Abstand von mehr als 3,00 Metern bezeichnet. Diese Distanz besteht z . B. bei Vorträgen und Seminaren zwischen Redner und Zuhörer. Die individuellen Unterschiede im Distanzverhalten werden aus der Tabelle 5 ersichtlich.

Wird das Distanzverhalten bei einem Gespräch nicht beachtet, empfindet dies der Gesprächspartner als Mißachtung seiner Persönlichkeit. Er fühlt

Tabelle 5: Das individuelle Distanzverhalten[88]

	Mehr introvertierte Menschen	*Mehr extrovertierte Menschen*	*Unbekannte Personen*
Intimdistanz	0,40 – 1,50 m	0,30 – 0,50 m	bis 0,50 m
Persönliche Distanz	1,50 – 2,00 m	0,40 – 1,50 m	0,50 – 150 m
Gesellschaftliche Distanz	2,00 – 4,00 m	1,50 – 3,00 m	1,50 – 3,00 m
Öffentliche Distanz	ab 4,00 m	ab 3,00 m	ab 3,00 m

88 Vgl. *R. H. Ruhleder:* Rhetorik – Kinetik – Dialektik 1988, S. 166.

sich bedroht und persönlich angegriffen. Es werden Abwehrreaktionen ausgelöst. Neben anderen Abwehrmechanismen (z. B. verbale Äußerungen, Aggressivität) werden hauptsächlich non-verbale Abwehrsignale übermittelt.

So beispielsweise:

- Kreuzen der Arme vor dem Körper,
- Übereinanderschlagen der Beine,
- unruhiges Hin- und Herrutschen,
- Schließen der Augen.

Merke: Bei einer Mißachtung der individuellen Distanzen werden vor allem non-verbale Abwehrsignale übermittelt.

Für einen erfolgreichen Gesprächsablauf ist es wichtig, die non-verbalen Abwehrsignale der Gesprächsteilnehmer zu erkennen. Dadurch wird vermieden, daß das Gespräch durch ein Mißachten der individuellen Distanzzonen beeinträchtigt wird.

Zusammenfassung:

Non-verbale Kommunikation findet auch beim *räumlichen Verhalten* der Gesprächsteilnehmer statt, so z. B. durch ihr *Distanzverhalten*.

Es lassen sich vier *Distanzzonen* unterscheiden:

- intime Distanz,
- private Distanz,
- gesellschaftliche Distanz,
- öffentliche Distanz.

Bei einem Gespräch ist es wichtig, die individuellen Distanzzonen der Gesprächsteilnehmer zu erkennen und zu beachten.

Werden diese Distanzzonen mißachtet, werden vor allem non-verbale Abwehrsignale gesendet.

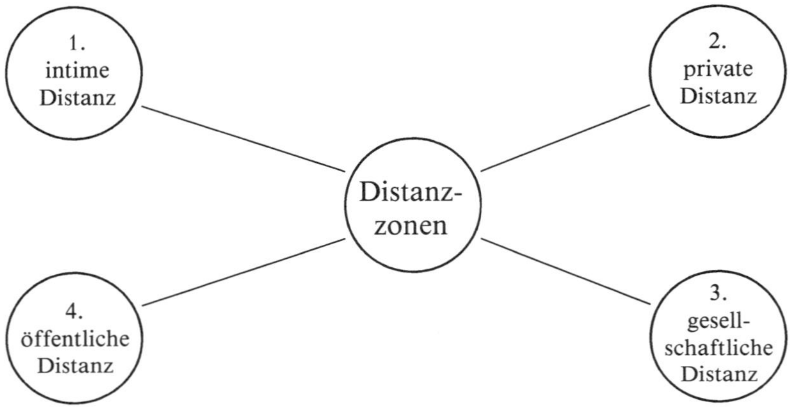

Abb. 23: Distanzzonen

6.4 Der stimmliche Ausdruck[89]

In den vorangehenden Seiten haben wir festgestellt, daß non-verbale Botschaften durch die *Gestik* – also den Bewegungen der Arme, der Hände und des Kopfes – sowie durch die *Mimik* – dem Ausdruck des Gesichtes – übertragen werden. Non-verbale Kommunikation kommt jedoch noch in einem weiteren Bereich vor: dem *stimmlichen Ausdruck* der Gesprächsteilnehmer, also ihrer Sprechweise[90].

Im einzelnen:

- Sprechtempo,
- Aussprache,
- Lautstärke,
- Stimmlage.

Jeder Mensch hat eine individuelle Sprechweise. In bestimmten Kommunikationssituationen (z. B. bei Unsicherheit) neigen wir dazu, die Art und Weise, wie wir sprechen, zu verändern. Durch diese Veränderungen der Sprechweise werden non-verbale Botschaften übertragen.

Beispiel:

Spricht ein Gesprächsteilnehmer sehr leise, kann dies ein Anzeichen von Unsicherheit sein.

89 Dieses Unterkapitel bezieht sich besonders auf *D. W.* und *W. Allhoff*: Rhetorik & Kommunikation 1988, S. 45 f.

90 Vgl. Sprechtechnik, Kap. 2.

Merke: Durch den *stimmlichen Ausdruck* der Gesprächsteilnehmer werden non-verbale Botschaften übertragen.

6.4.1 Welche non-verbalen Signale werden durch den stimmlichen Ausdruck gesendet?

Der stimmliche Ausdruck gibt einen Einblick in

- die Emotionen der Gesprächsteilnehmer (z. B. Freude, Aggressivität),
- die innere Einstellung der Gesprächsteilnehmer (z. B. Gleichgültigkeit, Desinteresse)

Die wichtigsten non-verbalen Botschaften des stimmlichen Ausdrucks sowie ihre mögliche Bedeutung sind in der Tabelle 6 zusammengefaßt.

Tabelle 6: Die non-verbale Botschaft des stimmlichen Ausdrucks[91]

stimmlicher Ausdruck	*non-verbale Aussage*
schlaffe, ausdruckslose Sprechweise	Gleichgültigkeit des Sprechers
unregelmäßiges Sprechtempo	innere Erregung
sehr hohe Stimmlage	Unsicherheit, auch Engagement, starke Emotionen (Freude, Aggressivität)
sehr leises Sprechen	Unsicherheit, Schüchternheit
sehr lautes Sprechen	innere Erregung, auch Engagement
sehr schnelles Sprechen	Nervosität, Unsicherheit

Zusammenfassung:
Non-verbale Botschaften werden durch die Sprechweise der Gesprächsteilnehmer, den sog. *stimmlichen Ausdruck*, übermittelt.

Der stimmliche Ausdruck liefert Informationen über die Emotionen und über die innere Einstellung der Gesprächsteilnehmer.

91 Vgl. *Reineke/Damm:* Signale im Gespräch 1979 S. 82 f.; *D. W.* und *W. Allhoff*, 1979 S. 47.

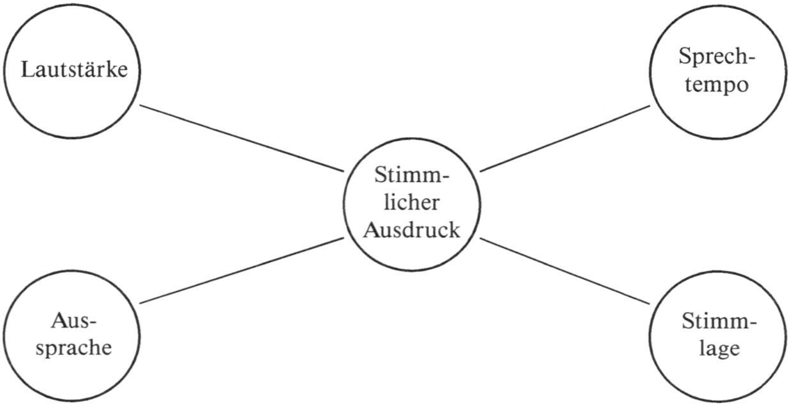

Abb. 24: Der stimmliche Ausdruck

Literaturverzeichnis

Allhoff, D. W. und W.	Rhetorik & Kommunikation, 7. Auflage, Regensburg 1988
Ammelburg, G.	Handbuch der Gesprächsführung, Frankfurt/New York 1974
ders.	Rhetorik für den Ingenieur, 3. Auflage, Düsseldorf 1979
Argyle M.	Körpersprache und Kommunikation, Paderborn 1979
Birkenbihl, V. E.	Psycho-logisch richtig verhandeln, Landsberg/Lech 1979
ders.	Kommunikationstraining, 5. Aufl. München 1984
ders.	Signale des Körpers und was sie aussagen, Landsberg/Lech 1985
Correll, W.	Motivation und Überzeugung in Führung und Verkauf, 2. Auflage, Landsberg/Lech 1984
Crisand, E.	Psychologie der Persönlichkeit, 6. Auflage, Heidelberg 1992
ders.	Psychologie der Gesprächsführung, 4. Auflage, Heidelberg 1992
Deutsche Verlags-Anstalt:	Reden und reden lassen, Begleitmaterial zur gleichnamigen Fernsehserie in Zusammenarbeit mit dem Südwest-Funk und dem österreichischen Rundfunk, Stuttgart 1975
Dommann, D.	Faire und unfaire Verhandlungstaktiken- und wie man sich gegen unfaire Taktiken schützen kann, 5. Auflage, Frankfurt/Main 1987
Ebeling, P.	Das große Buch der Rhetorik, 3. Auflage, Wiesbaden 1985
Fast, J.	Körpersprache, 158.–177. Tausend, Reinbek 1983
Geißner, H.	Rhetorik, München 1974
Gordon, T.	Manager-Konferenz, 45.–55. Tausend, Reinbek 1987
Kirchner, B.	Sprechen vor Gruppen, Stuttgart 1980
Kopperschmidt, J.	Argumentation, Sprache und Vernunft, Teil II, Stuttgart 1980
Lay, R.	Manipulation durch die Sprache, 4. Auflage, Reinbek 1980
ders.	Führen durch das Wort, 11.–21. Tausend, Reinbek 1985
Lemmermann, H.	Lehrbuch der Rhetorik, München 1962

Ludwig, M. H. — Praktische Rhetorik. Hollfeld/Ofl. 1983

Mohler, A. — Überzeugend reden – erfolgreich verhandeln, 4. Auflage, München 1983

Molcho, S. — Körpersprache als Dialog, München 1988

Morris, D. — Der Mensch, mit dem wir leben, 2. Auflage, München 1978

Neuberger, O. — Das Mitarbeitergespräch, Goch 1980

ders. — Miteinander arbeiten – miteinander reden, 1. Auflage, München 1988

Neumann, R. — Zielwirksam reden, 2. Auflage, Grafenau/Württ. 1980

Raschke, H. — Mit Menschen richtig reden, 2. Auflage, Heidelberg 1972

Reineke/Damm — Signale im Gespräch, 4. Auflage, Heidelberg 1992

Rückle, H. — Körpersprache für Manager, München 1979

Ruhleder, R. H. — Rhetorik-Kinesik-Dialektik, 6. Auflage, Bad Harzburg 1988

Saul, S. — Das Gespräch als Führungsinstrument, 2. Auflage, Heidelberg 1989

Schulz von Thun, F. — Miteinander reden – Störungen und Klärungen, 88.–100. Tausend, Reinbek 1987

Seiwert, L. J. — Das 1 × 1 des Zeitmanagements, 12. Auflage, Speyer 1989

Scherer/Wallbott — Non-verbale Kommunikation, Forschungsberichte und Interaktionsverhalten, Weinheim/Basel 1979

Schmidt-Faber, W. — Argument und Scheinargument, München 1986

Staehle, W. H. — Management – Eine wissenschaftliche Einführung, 3. Auflage, München 1987

Toulmin, S. — Der Gebrauch von Argumenten, Kronberg/TS. 1975

Völzing, P. L. — Begründen, Erklären, Argumentieren, Heidelberg 1979

Weisbach/Eber-Götz/Ehresmann — Zuhören und Verstehen, Reinbek 1979

Zielke, W. — Frag dich vorwärts, 2. Auflage, Landsberg/Lech 1985

ders. — Sprechen ohne Worte, 3. Auflage, Landsberg/Lech 1987